Einführung in das
Gesamtgebiet des Okkultismus

Herausgeber der Buchreihe SYMBOLON
Dr. Peter Orban

Bisher erschienene Titel
Manfred Kyber: Einführung in
das Gesamtgebiet des Okkultismus
Hans Blüher: Traktat über die Heilkunde

Einführung in das

Gesamtgebiet des Okkultismus

vom Altertum bis zur Gegenwart

von

Manfred Kyber

Hesse & Becker

CIP – Kurztitelaufnahme der Deutschen Bibliothek

Kyber, Manfred:
Einführung in das Gesamtgebiet des Okkultismus
Dreieich: Hesse & Becker 1985
ISBN 3-8036-3002-9

© Hesse & Becker
im Weiss Verlag GmbH
Oktober 1985
Umschlaggestaltung: Martin Orban
Gesamtherstellung: Franz Spiegel Buch GmbH, Ulm

Printed in Germany

ISBN 3-8036-3002-9

1. Auflage 1985

symbolon

Die Buchreihe »symbolon« ist Teil eines Konzeptes, das der Arbeitskreis »symbolon« in den letzten Jahren entwickelt hat.

Die Arbeit dieses Kreises umfaßt Horoskop-Beratungen, Astrologie-Kurse, Esoterik-Kurse, Therapie-Gruppen, Einzel-Therapien und Phantasie-Reisen in Kassettenform. Nähere Informationen können unseren Büchern (Peter Orban: Die Reise des Helden, Kösel Vlg. 1983 und Astrologie als Therapie, Hugendubel 1986) sowie unserer Informations-Broschüre (»symbolon«, Eduard-Rüppell-Str. 3, 6000 Ffm 1) entnommen werden.

Da wir alle Lernende sind und insbesondere die Astrologie ein sehr tiefschürfendes Symbolsystem darstellt, so möchten wir es uns zur Angewohnheit machen, den erscheinenden Bänden dieser Reihe jeweils am Ende des Geburtshoroskop des Autoren (soweit verfügbar) beizugeben.

Der astrologisch interessierte Leser (und das werden zunehmend mehr) kann so über den Inhalt des Buches *und* das Horoskop des Autoren in einen Lernprozeß verwickelt werden, in dem er früher oder später die Einheit dieser beiden Symbolfiguren zu verstehen in der Lage ist.

Es läßt sich daran zeigen, daß das Leben eines Menschen und seine Form der Bearbeitung von »Welt« (in Form eines Buches) einer Gesetzmäßigkeit unterliegen.

Es dürfte die gleiche Gesetzmäßigkeit sein, die den Leser eines Buches ausgerechnet zu diesem Buch greifen läßt.

Manfred Kyber rechnet zu den unaufdringlichen Dichtern dieses Jahrhunderts. Zeit seines Lebens ist er ein Kind geblieben; er schrieb Fabeln, Märchen und Romane, in denen er sich zum Anwalt für die Kinder- und Tierseelen machte. Und obwohl seine Geschichten immer im Markt waren, in viele Sprachen übersetzt wurden und sehr hohe Auflagen erzielten, war sein Name doch irgendwie fern davon.

»Manfred Kyber? Ist das nicht der, der diese schönen Tiergeschichten erzählt hat...?« Ja, der ist es.

Es ist eigentlich sein stilles Nichtvorhandensein, das auffällt. Nie hat er sich dem Lärm des Literatur-Marktes anvertraut, dazu war er viel zu sehr ein Suchender.

Und so hat er den Suchenden unter uns eine Menge zu erzählen. Freilich nur denen, die nicht genau wissen, was sie suchen. Ihnen kann er Führer sein, Seelenführer. All diejenigen, die gezielt auf der Suche nach etwas Bestimmten, nach etwas Konkretem sind, können ihn getrost links liegen lassen. Er hat ihnen kaum etwas zu sagen.

Ein »erwachsener« Rezensent hat das Resümee der Geschichten Kybers einmal so beschrieben: der Text sei „wehleidig, albern, sentimental, sei ein schwachseliges weichherziges Gewinsel, er peinige gesund denkende Männer.« (zitiert nach A. Brieger: In zwölfter Stunde, Pforzheim 1973)

Ja, Manfred Kybers Geschichten sind in der Tat so, daß sie »gesund denkende Männer« zu peinigen in der Lage sind. Es kann nämlich gut sein, daß bei der Lektüre mancher seiner Geschichten ein »peinigender« Drang den Leser überkommt, hemmungslos zu weinen, und das erst das Losschießen der Tränen von diesem Drang gründlich erlöst. Manfred Kyber (1880 bis 1933) war ein ganz und gar jenseitiger Mensch, im Diesseits fühlte er sich nicht zu Hause. »Heimat« war ihm diese Welt nie. Und doch irrte er nicht ganz hilflos herum. Er verstand es, aus dieser Heimatlosigkeit eine ganz starke Kraft zu gewinnen: eine Stärke, eine unbändige Fähigkeit, *das Schicksal der Heimatvertriebenen zu beschreiben* und verständlich zu machen.

All die, die er als die Schwachen sah, gaben ihm die Kraft, *Partei zu ergreifen:* selbst ein Kind, schrieb er Geschichten für das *Kind in jedem von uns.* Und weil nur ein Wesen noch schwächer ist, das Tier, schrieb er ebenfalls Tiergeschichten.

Kyber verfügte noch über das tiefe Wissen, daß es die Aufgabe der Menschen ist, den Tieren »ihre Namen zu geben« und so an ihrer Erlösung mitzuarbeiten. Und er gab ihnen *Namen,* ja, er gab ihnen *Geschichten,* in denen dieser Name für diejenigen, die noch lesen können, deutlich sichtbar wurde. Würde es nicht so pathetisch klingen, so könnte man sagen, daß es Manfred Kyber war, der den Tieren *ihre Geschichte* zurückgab.

Ganz gewiß aber gab er »erwachsenen Kindern« einen Teil ihrer Kindheit zurück. Vielen Kindern auf der ganzen Welt. Wer »Die drei Lichter der kleinen Veronika« gelesen hat, weiß genau, was ich meine. Nach dem Lesen hat man auf einmal ein Stück der *eigenen Kindheit* zurückerhalten. Daß das nicht nur angenehm ist, sondern mitunter »peinigend«, zeigt das Beispiel unseres unbekannten Rezensenten.

Doch Kyber wußte auch, was die »Pein« zum Verschwinden bringt.

»Im übrigen kann ich Ihnen die Versicherung geben, daß man aufhört zu fürchten, was man kennt. (…) Der Gang zu den Erkenntnissen ist der Gang zum anderen Ufer und ich sagte Ihnen schon einmal, daß es der Gang ist zu Ihrer aller Heimat, zur Wiege der Menschheit.«

Das ist Kybers Thema: der Weg zurück! Wie es bei diesem Gang nur folgerichtig ist — und was die wenigsten von ihm wissen —: Kyber war ein profunder Kenner der Esoterik.

Nein, er gehörte nie einem geheimen Orden an und seine Mitgliedschaft in der »Anthroposophischen Gesellschaft« Rudolf Steiners war nur eine kurze Episode in seinem Leben. Seine Sicht von den »übersinnlichen Dingen« war im Laufe des eigenen Lebens gewachsen, hatte eine Schulung nicht nötig. Sie erwuchs aus einem tiefen »Sich-Einlassen« in die Welt der Natur, der Tiere und der Kinder.

Kyber wurde — so scheint es — von seinen eigenen Geschichten, mühsam der Seele abgerungen, in die geheimnisvolle Weihen des »Menschseins« initiiert. (So wie jeder, der ernsthaft in sich gräbt, früher oder später die Trümmer jenes Tempels in sich freilegt, in dem er dereinst eingeweiht wurde.) Sein esoterisches Hauptwerk, das seit 1925 nicht mehr aufgelegt wurde, ist heute so aktuell wie damals. Nichts daran ist veraltet, nichts davon weiß man heute besser.

Wir übergeben dieses unaufdringliche Buch heute, nach 60 Jahren, einer neuen Leserschaft und wünschen ihm eine stille Wirkung. Es stehen Sätze darinnen, die nirgends sonst zu lesen sind. Klar und deutlich und doch irgendwie abwesend, so als würde uns von Ferne jemand ein altes Gedicht vortragen.

Nieder stieg ich zu vergessen,
was ich einst im Licht besaß,
und doch nie bewußt besessen,
weil ich es noch nie vergaß.
Durch Vergeßnes muß ich dringen,
selber muß ich, geistgeweiht,
in Erinnerung erringen
meines Wesens Wesenheit.
Graben muß ich Grabeshügel,
sterben lassen, was erstarb,
bis der Freiheit Flammenflügel
sich mein eignes Ich erwarb.
Bis die Worte in mir reden,
die ich unbewußt gewußt,
bis in mir der Garten Eden
mein wird in der eignen Brust.

Dr. Peter Orban, Oktober 1985

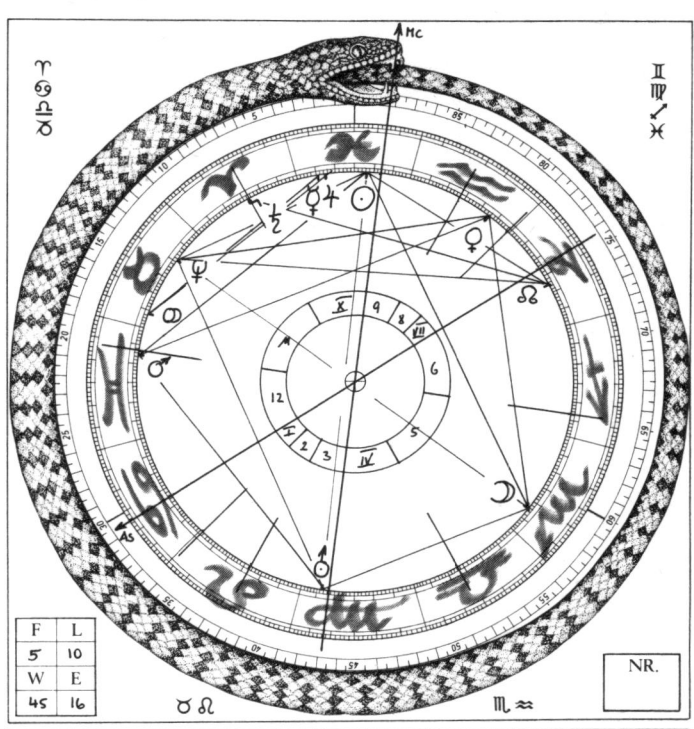

F	L
5	10
W	E
45	16

NR.

Name	Manfred Karl Albert Kyber	Geb.-Datum	1.3. 1880	Geb.-Zeit	12 h
Geb.-Ort	Riga (russ. Kalender : 18. Feber)	Breite	56° 57' 7"	Länge	24° 07' 02"

MEZ		MC	8 ° 3' ♓	☉	11 ° 16' ♓	♃	22 ° 13' ♓
WZ		11	13° 34' ♈	☊	12 ° 47' ♐	♄	13° 54' ♈
K		12	6° 14' ♊	☽	7° 56' ♏	♂	6° 48' ♍ ℞
OZ		AS	17° 23' ♋	☿	24° 37' ♓	♆	9° 48' ♉
ST		2	0° 20' ♌	♀	7° 8' ♒	☽	25° 33' ♉
KP		3	16° ♌	♂	7° 45' ♊	♅	

VORWORT

Die nachfolgenden Vorträge sind entstanden aus jahrelangen Studien auf dem Gebiet des Okkultismus, wie sie sich für ein vertieftes geistiges Schaffen von selbst ergeben. Ich habe diese Vorlesungen mehrfach im internen Kreise gehalten, als das Interesse an diesen Fragen dringender wurde — zuletzt, in vereinfachter Form, an der Volkshochschule in Stuttgart. Wenn ich sie nun, vielfachen Wünschen folgend, im Druck herausgebe, so tue ich das, weil mein künstlerisches Schaffen mir keine Zeit zu einer Wiederholung der Vorlesungen lassen wird, und weil die Kreise immer größer werden, die ein inneres Bedürfnis nach derartigen Informationen im sonstigen geistigen und moralischen Bankerott der Gegenwart empfinden. Ich wünsche mir solche Leser, wie beispielsweise meine Hörer an der Volkshochschule waren, das heißt Menschen, die keinen hier noch mehr als wo anders überflüssigen Bildungsdünkel mitbringen, sondern die versuchen, wirklich menschliche Werte aus diesen Kenntnissen und Erkenntnissen zu |ziehen. Mehr als Einführung und Anregung sollen diese Zeilen nicht sein und gerade darum habe ich ihnen den Vortragscharakter gelassen, um ihre Anspruchslosigkeit zu wahren und ihre Grenzen festzulegen. Aus dem Grunde habe ich auch auf ein eigentliches Quellenregister verzichtet und nur die Werke namhaft gemacht, die mir zum weiteren Studium geeignet erschienen. Damit ist natürlich nicht gesagt, daß ich diese Werke über alle anderen stelle oder daß ich mit ihnen oder ihren Verfassern in allem übereinstimme. Es ist nicht meine Aufgabe, ein umfassendes Werk über diese Dinge zu schreiben, und ich habe weder Zeit zu Kontroversen, noch das geringste Interesse, den wissenschaftlichen oder esoterischen Spezialwerken dieses Gebietes etwas an die Seite zu stellen. Eine kurze Übersicht, eine Einführung und Anregung aber fehlten hier, und diese Lücke sollen meine Vorträge ausfüllen. Vielleicht können sie auch denen, die genaue Kenntnisse auf dem einen Gebiet des Okkultismus besitzen, eine willkommene Ergänzung des Wissens auf seinen anderen Feldern sein. Mehr aber können diese Vorträge nicht geben, schon weil sie aus überlegten Gründen nicht mehr geben wollen.

Stuttgart im Juni 1923

Manfred Kyber

✳

INHALT

EINLEITUNG

Wenn ich, wie nun schon mehrfach seit Hereinbrechen der Weltkatastrophe, in der wir leben, meine Reihe von Vorträgen über Okkultismus eröffne, bin ich mir von vornherein darüber klar, daß es ein sehr schwieriges und zum Teil auch recht undankbares Unterfangen ist. Schwierig ist es nicht, weil es vielleicht manchmal nicht ganz leicht ist, sich verständlich zu machen und Worte und Begriffe zu formen für Dinge, die nicht dem alltäglichen Leben angehören und daher keine allgemeingültige Terminologie haben; schwierig ist es auch nicht deshalb, weil es mühsam sein könnte, eine übersinnliche Welt mit Beweisen zu erhärten — die Schwierigkeit solcher Darstellungen beruht vielmehr darauf, daß das Gebiet des Okkultismus ein so ungeheuer großes ist, daß man es beim besten Willen und größter Konzentration nicht in wenigen Vorträgen erschöpfen kann. Aus diesem Grunde ist es auch undankbar, denn jeder Kenner wird mit Recht einwenden, daß ich interessante Dinge ungesagt ließ. Das läßt sich nicht vermeiden und mich hat bei diesen Vorträgen im wesentlichen ein anderer Gedanke geleitet. Es gibt kein Werk, das einigermaßen übersichtlich in das Gesamtgebiet des Okkultismus einführt, und diese Lücke auszufüllen, sind meine Vorträge bestrebt. Es ist mir bisher gelungen, meine Hörer mit allen wichtigsten Erscheinungsformen des Okkultismus aller Zeiten so weit bekannt zu machen, daß sie imstande waren, selbständig zu unterscheiden und dann nach eigener Wahl dem näher

9

nachzugehen, was ihrem persönlichen Interesse am meisten entsprach. Mehr kann man in wenigen Vorträgen kaum bieten, und mehr will ich auch nicht bieten, denn jedes wissenschaftlich erschöpfende Werk, zu dem ich mich übrigens auch gar nicht berufen fühle, kann es nicht vermeiden, eine bestimmte Richtung zu betonen, sich sozusagen auf einen Standpunkt besonders festzulegen. Mir aber liegt keineswegs daran, Sie für eine besondere Richtung zu gewinnen oder Ihnen meine Meinung irgendwie als die beste nahezulegen. Ich biete Ihnen im Auszug eine jahrelange Bibliotheksarbeit, deren Mühe Sie sich damit ersparen können. Ich zeige Ihnen einen Gipfel, überlasse es aber jedem nach Eigenart und Veranlagung, welchen Weg zu diesem Berge hinauf er gehen will. Ich weiß auch, daß die Mystiker deswegen sagen werden, ich sei zu wenig esoterisch, und die Materialisten, ich wäre zu verstiegen. Mir liegt aber gerade daran, ganz unfanatisch vorzugehen, wie es sich eigentlich für jeden, der etwas von der geistigen Welt erfaßt hat, von selbst versteht. Zu einer solchen geistigen Welt bekenne ich mich, erkenne in der physischen Welt lediglich die eine Hemisphäre, während ich die andere in der übersinnlichen, in ihrer Weise genau so realen Welt sehe. Damit stehe ich dem reinen Materialismus ablehnend gegenüber. Ebenso ablehnend aber verhalte ich mich jener heute so häufigen einseitigen Esoterik gegenüber, die den jeweilig erwählten Weg für den einzig wahren für alle Menschen hält und von anderen Forschungsmethoden auf diesen Gebieten nichts wissen will.

Ich denke, daß es für einen jeden, der sich eine eigene Meinung bilden oder einen selbständigen Weg suchen will, vor allem darauf ankommt, daß er das Material selbst kennen lernt, in großen übersichtlichen Zügen, die dann zu vertiefen seiner eigenen Wahl überlassen bleibt. Nähme er gleich eine fertige Meinung in sich auf, sei es meine oder eine andere, so würde das kaum über einen dogmatischen Erfolg hinausgehen, nicht aber zum eigenen Erleben führen, auf dem allein höheres Denken aufgebaut sein soll. Auf dem einseitig voreingenommenen Wege würde er allzubald stecken bleiben, und wenn wir ehrlich sind, müssen wir ja wohl zugeben, daß heute die meisten Mystiker und Materialisten stecken geblieben sind. Unter diese Gesichtspunkte bitte ich es auch zu stellen, wenn ich im Laufe der Vorträge Titel von Büchern angebe, Namen von Forschern nenne oder sonstwie auf das Quellenmaterial hinweise, das jedem für das ihn besonders fesselnde Gebiet als weiterer Ausbau dienen kann. Nenne ich einen Namen, so bekenne ich mich damit nicht zu seinem Programm, erwähne ich ein Buch, so meine ich nur dieses eine Werk, nicht eventuelle andere Bücher des gleichen Verfassers. Vor allem aber soll damit niemals etwas für die zahlreichen Gesellschaften und Vereinigungen, Richtungen und Lehren gesagt sein, die sich an diesen oder jenen Namen knüpfen. Ich führe diese Daten nur an, um jedem die Handhabe zu geben, weiter auszubauen, weiter zu suchen und zu ergänzen nach der Seite, die ihm die nächste zum Eintritt in das Verständnis übersinnlicher Welten erscheint. Ich greife daher aus allen Gebieten nur das jeweils Charakteristische heraus als Beispiel — Vorträge wie diese können und dürfen keine Vollständigkeit anstreben, sondern lediglich Übersichtlichkeit aller Gebiete und An-

11

regung auf allen Gebieten geben. Meine persönliche Ansicht ist — um keinesfalls mißverstanden zu werden, füge ich das hinzu — meine persönliche Ansicht ist, daß wohl mit einzelnen Namen und einzelnen Werken geistige Werte von größtem Ausmaß gegeben worden sind, daß diese Werte aber in ihren mehr oder minder breiten Auswirkungen der Anhänger bisher mehr einseitig-fanatischem Sektenwesen ähneln, als selbständigem Erleben geistiger Tatsachen, daß also bisher mehr Ideen verflacht als erfaßt worden sind. Im übrigen will ich auch in dieser Beziehung so wenig als möglich Namen nennen, weder von einzelnen Logen, noch sonstigen Gesellschaften gleichen Charakters. Diese Vorträge haben nur dann einen Wert, wenn sie unpolemisch sind, sie sollen keinen anderen Zweck haben, als in Auszügen und Beispielen meinen Hörern so übersichtlich als möglich ein Material nahebringen zu eigener weiterer Verarbeitung. Zudem wird man einsehen, daß gerade auf diesem Gebiet eine gewisse Diskretion unvermeidlich ist. Man kann unmöglich alles sagen, was man weiß oder denkt, und es wäre mehr als überflüssig, es zu tun.

Ich fasse also meine Aufgabe so auf: ich führe Sie an das Ufer eines fremden Landes. Dieses Land habe ich nicht entdeckt, es ist auch Ihnen nur scheinbar fremd, denn es ist die geistige Heimat eines jeden Menschen. Ich bringe Ihnen nichts Neues, als Tatsachen, die nicht mein Verdienst sind. Von diesen Tatsachen werden Sie überzeugt oder auch nicht überzeugt, nicht durch mich, sondern dadurch, daß Sie sich ihrer erinnern oder nicht erinnern können. Ich erwecke also nur bestenfalls etwas in Ihnen, was Sie einmal gewußt und wieder vergessen haben, etwas, was latent in Ihnen ist. Näheres hierüber werde ich bei Besprechung der alten Mysterien und der Frage über Schicksal und freien Willen ausführen. Deutlich aber will ich betonen, daß alles, was Sie in diesen Vorträgen aufnehmen können, genau so von Ihnen selbst abhängt, wie etwa bei Behandlung künstlerischer Fragen, die Sie auch nur dem erklären können, der selbst zu einem höheren intuitiven Empfinden fähig ist, der selbst das Künstlerische in sich hat, das man nur erwecken, nicht geben kann. Darum halte ich diese Vorträge auch nicht nur ohne jeden Fanatismus, sondern auch ohne jeden Ehrgeiz — denn wenn Sie viel davon haben, so ist es nicht mein, sondern Ihr Verdienst, und wenn Sie nichts davon haben, ist es nicht meine, sondern Ihre Schuld.

Alle diese Ausführungen habe ich vorerst gemacht, um Sie um eine bestimmte Gesinnung zu bitten: nämlich um die, mir nichts zu glauben, was ich Ihnen als nicht wirklich erwiesen erzähle. Aber ebenso bitte ich Sie, mir das zu glauben, was nun einmal mit den Mitteln der heutigen Wissenschaft als Tatsache angesehen werden muß, auch wenn es nicht ohne weiteres erklärbar erscheint. Es gibt nämlich ebensogut einen materialistischen Aberglauben, als es einen mystischen gibt. Wollen Sie in ein neues Gebiet eindringen, so kann das nur geschehen, wenn Sie sich von jedem Vorurteil freihalten und erst einmal die Sachen unbefangen auf sich wirken lassen. Diese Gesinnung ist sehr wichtig, wenn man sich einer neuen Sache nähert, und es ist nicht umsonst, daß ich Sie darauf hinweise. Ich muß Ihnen nämlich in diesen kurzen Vorträgen sehr viel auf einmal

13

zumuten, und ich bin überzeugt, daß Ihnen manches einen gewissen Choc verursachen wird, weil es allzu sonderbar erscheint und wegen der Überfülle des Materials das Einzelne oft abrupt geäußert werden muß. Es ist mir selbst oft unendlich schwer geworden, mich mit manchen Tatsachen abzufinden, die die Aufgabe eines gewohnten und bequemen Vorurteils von mir verlangten. Ich selbst bin zu einer gradweisen Einschätzung des Okkultismus auch nicht durch eine plötzliche Erleuchtung gekommen, sondern durch jahrelange mühsame Arbeit. Die Früchte dieser Arbeit sind es, die ich Ihnen vorlegen werde. Nicht etwa meine persönlichen Meinungen oder Ansichten, die widerlegt werden könnten, werde ich Ihnen unterbreiten, sondern ein essentielles Tatsachenmaterial, mit dem Sie sich als gegebenem Faktor abfinden müssen und aus dem Sie Ihre eigenen Schlüsse ziehen können. Ich werde Ihnen meine persönliche Meinung nicht gerade vorenthalten, aber sie stets getrennt behandeln von dem Tatsachenmaterial, das Sie nun einmal anerkennen müssen, weil es vorhanden ist. Ich werde Sie auch durch Quellenangabe in Stand setzen, diese Tatsachen nachzuprüfen, wenn Sie ihnen mißtrauen. Bedenken Sie aber bitte, daß ich nicht das geringste Interesse daran haben kann, Sie zu überzeugen, weil ich, wie ich schon ausführte, der Ansicht bin, daß nur eigene Erfahrung hier etwas bedeuten kann und soll, und daß das von mir Gebotene nur eine Anregung sein darf, um in Ihnen selbst das zu wecken, was jedem Einzelnen zum geistigen Ausbau das Geeignete ist.

Bevor ich nun mit meinem Thema beginne, ist es nicht

überflüssig, daß wir uns über den Begriff des Okkultismus einigen, daß wir umgrenzen, was wir hier darunter verstehen wollen. Ich fasse darin zusammen alles dasjenige, was übersinnlich ist. Es ist ein wesentlicher Definitionsfehler, der gerade von materialistisch-gegnerischer Seite gerne gemacht wird, daß es sich beim sogenannten Okkultismus um übernatürliche Dinge handele. Es gibt nichts Übernatürliches, wie die Materialisten gewiß richtig behaupten, wohl aber sehr viel Übersinnliches, das heißt solches, was sich mit der rein sinnlichen Wahrnehmung nicht unbedingt erfassen und mit den heute bekannten Naturgesetzen nicht erklären läßt. Da wir nun keineswegs alle Naturgesetze kennen, so ist es gewiß klar, daß es außer dem Erforschten, das niemand leugnen wird, auch ein Neuland gibt und immer geben wird, solange wir auf die Wahrnehmungen des gewöhnlichen Verstandes und der Sinne angewiesen bleiben. Es ist für unsere Zeit charakteristisch oder war es doch bis vor kurzem, daß man alles physisch Greifbare überschätzt und es als das einzig Vorhandene hinstellt. Wundt hat zum Beispiel in seiner physiologischen Psychologie die verschiedenartigste Tätigkeit der Sinnesnerven erforscht und bewiesen, daß sich diese in den meisten Fällen ihrer Wahrnehmung mehr oder weniger täuschen. Trotzdem aber glaubt man mit diesem Verstande und diesen Sinnen eine Weltauffassung aufbauen zu können, und sie ist auch danach. Und hierin liegt der Kardinalfehler der materialistischen Wissenschaft. Was sie wirklich als Tatsache erforscht hat, ist richtig, aber es ist nicht allein richtig, sondern auch richtig, bedarf der Ergänzung nach der anderen Hemisphäre

15

hin und reicht also keinesfalls aus für Folgerungen, die, so materialistisch sie sich gebärden, an kühner Spekulation oft die ausschweifendste Mystik der Phantasten in den Schatten stellen.

Der gesamte Okkultismus widerspricht nicht einer einzigen effektiven Tatsache der materiellen Wissenschaft, wohl aber vielen ihrer Folgerungen. Nun ist es gewiß oft sehr interessant, zu erfahren, was ein Professor weiß, aber sicher sehr uninteressant und gleichgültig, was er glaubt. Auch hierin muß man sich eine etwas klarere Wertung der Dinge angewöhnen. In der heutigen Zeit, wenigstens in den letzten Jahrzehnten vor dem Kriege, war es wirklich so weit gekommen, daß den Aussprüchen der Professoren dogmatische Wertung eingeräumt wurde. Man dachte selbst sehr wenig und glaubte alles, was die Akademien sagten, ohne freilich zu überlegen, daß unter den Professoren meist so viele entgegengesetzte Meinungen herrschten, als es Professoren gab. Ich setze die großen Errungenschaften der materialistischen Wissenschaft gewiß nicht herab, ich weiß sehr gut, daß sie nötig waren, nötig auch als Gegengewicht in ihrer Einseitigkeit, aber ich weiß auch ebensogut, daß wir diese Kenntnis des Äußeren bezahlt haben mit einer Aufgabe von Fähigkeiten, die die Menschheit früher besaß und nun nicht mehr hat, die sie aber, wenn auch in veränderter Form, wieder gewinnen muß, wenn die heutige Weltkatastrophe als notwendige Folgeerscheinung des Materialismus nicht aus einer vorübergehenden Kulturwende zum dauernden Untergang führen soll.

Verstandesreichtum ist sehr wohl vereinbar mit Geistlosigkeit, und es ist schon wahr, daß unsere Hochschulen in vielem, so hoch sie den Verstand gebracht haben, so arm an Geist geworden sind. Das klingt vielleicht etwas hart, aber man braucht nur an die verheerende Wirkung vieler Vorlesungen über Literatur und Kunst, an die berüchtigten Faustkommentare zu denken, um sich zu sagen, daß rein verstandesgemäß-analytisches Denken jeder höheren Geistestätigkeit gegenüber in eine groteske Hilflosigkeit gerät. Auch dem, der das Übersinnliche vorerst ablehnt, muß es klar sein, daß es höhere Wahrnehmungen gibt als den Verstand, der gewisse Dinge überhaupt nicht erfassen kann. Denken Sie an die Instinkte der Tiere, der wilden Völkerschaften, denken Sie an das feinere intuitive Gefühl der Frauen, an die Inspiration der Künstler. Der Verstand ist tatsächlich die niedrigste Wahrnehmungsform, die es gibt, wenn man den rein logischen Verstand im Auge hat, auf den die Männer der heutigen Zeit so besonders stolz zu sein pflegen. Diesem Stolz auf den Verstand verdanken wir die heitere, aber in ihren Folgen leider sehr tragische Illusion der heutigen sogenannten Kultur, die Meinung, man stünde so sehr weit über den alten Hochkulturen Indiens, Ägyptens, Chaldäas usw. Griechenland läßt man noch gelten, freilich mehr aus Liebe zu griechischen Vokabeln und mehr unter der Betonung des späten, staatlichen Hellas, als jener frühgriechischen Epoche, die die orphischen Mysterien umfaßt. Daß man über das Mittelalter lächelt, ist selbstverständlich — wir werden noch später sehen, mit wie wenig Recht. In Wirklichkeit waren uns diese alten Kulturen in vielem sehr weit überlegen, und jene alten Impulse, die einst als Gruppenbewußtsein in vielen lebten, im einzelnen wieder aufleben zu lassen, ist eine der wichtigsten Aufgaben der heutigen Zeit. Es ist recht interessant, Kulturgeschichte zu lesen — man lernt daraus, bescheiden zu sein und gewisse Dinge beim richtigen Namen zu nennen. Wenn ich auf das höhere Denken, das ich erwähnte, eingehe, will ich Ihnen einen Überblick darüber geben, was man unter höherer Esoterik versteht, und Ihnen eine Kette der Entwicklung und Überlieferung zeigen, die von den Mysterien des frühesten Indien, Ägyptens, Chaldäas, Griechenlands über Templer und Gralserkenntnis hinüberleitet zu den Freimaurern und Rosenkreuzern bis in die verwandten Geheimschulen und Bestrebungen der Gegenwart.

Ich möchte aber mit Rücksicht auf diejenigen, die mir noch mit einem ausgeprägten materialistischen Mißtrauen gegenübersitzen, noch etwas beim gewöhnlichen Verstande bleiben und Ihnen auf diesem Gebiet einige Daten nennen, die die Einschätzung des gewöhnlichen Verstandes, mag er auch noch so groß sein, auf ein bescheidenes Maß zurechtstellen. Verzeihen Sie, wenn ich dabei, ohne persönlich zu werden, sage, daß man eine gewisse Bescheidenheit erst lernen muß, wenn man sich auf das Gebiet des höheren Denkens und damit der Erforschung des Okkultismus begeben will. Glauben Sie nicht, daß wir so sehr hoch über dem Mittelalter stehen. Der letzte Scheiterhaufen brannte in Deutschland 1786, 1806 ließ Napoleon das Hochgericht der Stadt Frankfurt abbrechen, die völlige Aufhebung der Tortur erfolgte in Hannover erst 1840, gar nicht zu reden von dem Grauen und der Roheit, die sich in der Gegenwart wieder gezeigt haben. Interessant dürfte auch der Hin-

18

weis sein, daß auf der internationalen kriminalistischen Vereinigung des Jahres 1909 festgestellt wurde, daß in Deutschland jährlich zehn Millionen Polizeistrafen verhängt werden — aber das ist ein Kapitel für sich! Auch neue Ideen sind stets und immer bekämpft worden, und es ist lehrreich, sich da an einige jüngere Daten zu erinnern. Galvanis Entdeckung 1791 wurde mit ungeheurem Gelächter aufgenommen, 1873 wurde die Aufnahme Darwins in die Académie des sciences abgeschlagen, ein Professor am Polytechnikum in Hannover (geb. 1832) warnte seine Hörer davor, sich mit den vergeblichen Versuchen zur Erfindung eines Automobils abzuplagen. Als die Gasbeleuchtung der Straßen eingeführt werden sollte, eiferte eine der angesehensten Zeitungen Deutschlands 1828 dagegen mit der Begründung, daß die Nacht von Gott dunkel gemacht sei. Die erste Eisenbahn Nürnberg-Fürth wurde heftig bekämpft, weil ein Medizinalkollegium nachwies, daß sie für die Insassen wie für die Zuschauer gesundheitsschädlich sein würde und man sie wenigstens mit Bretterzäunen umgeben müsse. Ebenso reichhaltig ist dieser Gegendruck gegen alles Eigenstarke in der Kunst, und ich will hier aus der überreichen Fülle geistiger Armut nur die Kritik nennen, die Beethoven in der angesehensten deutschen Musikzeitung zuteil wurde: „Beethoven geht seinen eigenen Gang, aber was ist das für ein bizarrer, mühseliger Gang! Keine Natur, kein Gesang!" Diese Beispiele, die ich dem vorzüglichen Werk von Dr. Max Kemmerich, „Kulturkuriosa", I und II, entnehme, sind keineswegs ausgesuchte Einzelfälle, sie lassen sich ins Ungezählte vermehren, und man kann wohl sagen, daß die meisten

Errungenschaften geistiger Art oder die vielen Entdek-
kungen der Technik und der Wissenschaft, oft von
Außenseitern gemacht, von Fachleuten und einer Ge-
genwartsmenge wütend bekämpft und albern verlacht
worden sind.

Sie sehen, daß also, vom produktiven geistigen Schaffen gar nicht zu reden, auch auf dem Gebiet des Verstandes der bescheidenste Denkerfolg umstritten ist und
sich meist nur sehr langsam durchsetzt. Viel deutlicher
wird diese Hemmung natürlich, wenn es sich darum
handelt, zu begreifen, daß wir bei Erforschung der einen
Hemisphäre auch die andere annehmen müssen, daß
wir es also außer der sinnlich wahrnehmbaren Welt auch
mit einer nur übersinnlich wahrnehmbaren zu tun haben,
das heißt mit einer solchen, deren Wahrnehmung mit
den heutigen Forschungsmethoden der Wissenschaft
gar nicht oder nur äußerst begrenzt feststellbar ist.

Es gibt Dinge, die nun einmal auf dem heute üblichen
wissenschaftlichen Wege nicht zu erreichen sind. Sie
werden das Wesen der Elektrizität nicht finden, wenn
Sie eine Dynamomaschine zerlegen oder zerhacken,
genau so wenig wie Sie durch verbrecherische, ethisch
und intellektuell gleich minderwertige vivisektorische
Versuche oder nur durch chemische Analysen das Seelische und Geistige der Natur erfassen können. Fragen
Sie einen landläufigen Vertreter der Wissenschaft nach
einer Erklärung für indische Fakire, tanzende Derwische
oder für eine beliebige Magie im niederen Sinne, wie sie
auch dem diesen Gebieten ganz Fernen im Orient ent-
gegentritt, so erhalten Sie die stereotype Antwort, es sei
Hypnose, Massensuggestion oder Autosuggestion. Die

Herren denken nicht daran, daß diese selbe Wissenschaft noch vor kurzer Zeit, mit Virchow an der Spitze, jede Hypnose für Schwindel erklärt hat. Heute benutzen sie sie nun als bequeme Erklärung für alles ihnen Unerklärliche und können dabei den Hypnotismus selbst nicht einmal erklären. Man muß schon fähig sein, sich auf beide Halbkreise des Lebens zu stellen, um wirklich einigermaßen denken zu können. Sehen Sie, ein Professor erklärt zum Beispiel einem Botokuden in Afrika das Telephon. Er sagt ihm: „Siehst du, du kannst nun hören auf große Entfernungen, auf ganze Tagereisen, du kannst erfahren, daß dein Onkel krank ist, der ganz weit von dir lebt — alles bloß durch den europäischen Wunderdraht." Der Botokude lacht natürlich. Schließlich aber sagt er: „Ja, dazu brauche ich aber gar keinen Wunderdraht, denn ich fühle es auch so, wenn mein Onkel krank ist." Jetzt lacht der Professor. Beide haben recht, und ihr Lachen ist auf beiden Seiten ganz gleichwertig.

Ich will Ihnen nun einige Tatsachen nennen, mit denen Sie sich abfinden müssen und die von der Wissenschaft beglaubigt, wenn auch nicht erklärt sind. Natürlich darf man sich, wenn man überhaupt denken will, nicht auf den Standpunkt des absoluten Ignoranten stellen, der eine Tatsache, die er oder seine wissenschaftliche Autorität nicht erklären kann, für keine Tatsache mehr ansieht. Ich werde Ihnen diese Dinge, wie überhaupt das ganze Gebiet der sogenannten niederen Magie später ausführlicher erläutern, ich will aber erst eine gewisse Gesinnung erzielen, da Sie sonst bei den späteren Erörterungen kaum mitgehen würden.

Vergessen Sie, bitte, nicht, daß es nicht nur darauf ankommt, daß Sie eine Reihe von Tatsachen erfahren, sondern daß bei Betrachtung gewisser Erscheinungen allmählich etwas organisch in Ihnen entwickelt wird, was in Ihnen liegt als eine Art übersinnlicher Organe, eines anderen Auffassungsvermögens, das in jedem Menschen vorhanden ist und das am meisten Ähnlichkeit haben dürfte mit dem Denken künstlerischer Intuition. Es gibt auch im menschlichen Körper Teile, die physisch nicht erklärbar sind, zum Beispiel das sogenannte Sonnengeflecht im Nervensystem in der Gegend der Magengrube, für das eine andere Bestimmung bisher nicht gefunden werden konnte, als die eines Grenzorganes zwischen den Organen des Sinnlichen und Übersinnlichen. In dem Sinne bedeutet auch richtige Beschäftigung mit dem Okkultismus die Erhöhung der Lebenspotenz bis zur Harmonie von Denken, Fühlen und Wollen, die Sie wohl schon oft im Symbol des Dreiecks dargestellt sahen. Es werden neben Kenntnissen, die verstandesgemäß faßbar sind, Kräfte in Ihnen wachgerufen, die in Ihnen allen latent sind und die Sie nun entwickeln nicht mehr mit der Weltabgewandtheit des Inders, sondern mit dem vollen Ichbewußtsein des Europäers. Tun Sie das, werden Sie gewiß der einmal geübten Mystik alter Kulturen in ihrer Gruppenhaftigkeit und ihrer Weltflucht überlegen, — tun Sie das nicht, sind Sie heute noch mit dem gewöhnlichen Verstandesdenken dem Orient gegenüber der unterlegene Teil.

Ich sprach eben von einem Symbol, und ich will Ihnen gleich auf diesem Gebiet eine Reihe verbindender Beispiele geben, die Ihnen auch das Wesen des Symbols charakterisieren mögen, das alles andere ist, als ein beliebig ausgedachtes Zeichen. Allgemein gilt das Kreuz lediglich als christliches Symbol. Sie finden es aber durchgehend in der Geschichte aller Völker, und wenn Sie tiefer in das Wesen der Symbole eindringen, werden Sie bemerken, daß man damit früher nicht, wie heute vielfach, spielte, sondern sehr reale Vorstellungen mit diesen Zeichen verband. Sie finden in Indien das Hakenkreuz oder die sogenannte Svastika (卍 卍 卍), auch der arischen Kultur Europas geläufig, in Ägypten das Thau (☥), den Lebens- oder Nilschlüssel. In den christlichen Gemeinschaften das Kreuz in verschiedenen Formen, zum Beispiel das Templerkreuz (T), das Andreas- oder Malkreuz (X) und die der griechischen (☦) und der römischen Kirche (✝) eigenen Formen. Auch die Freimaurer stellten die Weltkugel gerne dar überspannt mit dem Zeichen des Kreuzes, das gleichsam darauf geflochten ist. Es bedeutet die Stellung, in der die Weltseele über die Erde gespannt ist. Ferner nenne ich Ihnen noch das Fünfeck oder Pentagramm (☆) als Zeichen des Ichs. Abgesehen von anderen Bedeutungen dieser Figur entspricht die Stellung des Menschen mit ausgestreckten Armen und Beinen in der Form des Pentagramms am meisten dem Kreislauf der rein pflanzlichen Kräfte seines Körpers. Versuchen Sie einmal, sich nach einer völligen Erschöpfung in dieser Lage zu erholen, und Sie werden sehen, daß die Erholung unendlich viel schneller vor sich geht, als in anderer Lage. Es steckt eben in diesen Dingen ein ganzes Stück unbekannter oder heute vergessener Naturwissenschaft.

Ich möchte Ihnen nun noch einige andere Gesichtspunkte geben: denken Sie einmal darüber nach, daß der Sphinx von Gizeh komponiert ist aus einem Menschen, einem Löwen, einem Stier und einem Adler. Das aber sind die vier Wesenheiten der Apokalypse des Johannes. Es handelt sich bei diesen Überlieferungen oder bei Büchern, wie dem indischen Veden, der Bibel usw., um sogenannte Schlüsselbücher, hinter deren Bildern oder Worten gewisse Deutungen und Naturgeheimnisse liegen. Der heilige Augustin, den gewiß niemand für einen Dummkopf erklären kann und der auch kirchlichen Kreisen als einer der besten Bibelkenner bekannt sein wird, hat einmal gesagt, daß allein in der Schöpfungsgeschichte des Fünfbuches Mosis jedes Wort eine vierfache Bedeutung habe. Gerade in der jetzigen Zeit, wo der Materialismus bankerott gemacht hat und alles sich nach religiös orientierten Erklärungen der Weltkatastrophe sehnt, tauchen auch die verschiedensten Bibeldeutungen wieder auf, auch solche, die sich auf erstaunlich genaue Berechnungen der eingetretenen Ereignisse zu stützen vermögen. Sie haben nicht alle recht, schon deshalb nicht, weil sie oft fanatisch vertreten werden, und ich kann es nicht genug betonen, daß jede Art von Fanatismus auf dem Gebiet des Übersinnlichen noch verhängnisvoller wirken muß als auf dem des sinnlich Wahrnehmbaren.

Fanatismus führt vom Erleben allemal ab in Dogmatismus, in Gedankenstarre, und es liegt auf der Hand, daß eine solche Erscheinung weit verwirrender wirken muß da, wo es sich um intuitives, um höheres Denken handelt, das allem Dogmatischen wesensfern in sich ist, als beim gewöhnlichen Verstande, dessen bescheidene

24

Wahrnehmungen sich weit eher in ein dogmatisches System bringen oder einem solchen annähern lassen. Auch darum aber haben diese oft recht interessanten Deutungen nicht recht, weil sie allein recht haben wollen. Sie mögen sonst in vielem sehr recht haben, aber sie haben nicht allein recht, sondern auch recht. Ein Urteilen hierin verlangt schon den Überblick über die verschiedenen Deutungsmöglichkeiten, denn in allen solchen Büchern sind tatsächlich sehr verschiedene Deutungen und Geheimnisse gleichzeitig enthalten und nur mit verschiedenen Schlüsseln zugänglich. Ich möchte bei dieser Gelegenheit erwähnen, daß zum Beispiel das Evangelium Johannis ein Buch ist, das demjenigen, der sich darin vertieft, alle Naturgeheimnisse zu offenbaren imstande ist. Sie mögen das nun glauben oder nicht. Freilich wird dabei eine Vertiefung vorausgesetzt, der sich der heutige Europäer ohne andere Hilfsmittel kaum noch hinzugeben vermag.

Gestatten Sie, daß ich Ihnen nun einige andere Gesichtspunkte nenne, die der heutigen Wissenschaft und dem ganz gewöhnlichen Verstandesdenken näher stehen und mit den Methoden dieses Denkens festgestellt worden sind. Nicht wahr, es ist üblich, die Hexenprozesse als überaus finsteren Aberglauben zu betrachten? Ich will gewiß nicht für das Verbrennen Stimmung machen, aber ich möchte darauf hinweisen, daß gewisse Ursächlichkeiten zu den Dingen, die da geschahen, doch vorhanden waren, ohne daß damit natürlich gesagt sein soll, daß der Hexenwahn als solcher zu beschönigen wäre. Nur waren die Leute damals doch nicht ganz so dumm, wie wir heute meinen. Sie erinnern sich an die sogenannte Hexenwage: man wog die Hexen und befand, daß sie Hexen waren, wenn sie sehr leicht waren, oder man warf sie ins Wasser und verbrannte sie dann, wenn sie nicht untergingen, hielt sie aber für unschuldig, wenn sie untersanken und dabei oft genug auch ertranken. Das ist gewiß nicht sehr geistreich. Ebensowenig geistreich aber ist unser heutiger Hochmut diesen Dingen gegenüber. Man hat nämlich bei wissenschaftlichen Experimenten der Gegenwart Medien gewogen und sie dann auf der gleichen Wage in Tieftrance versetzt, wobei man eine Gewichtseinbuße im Trancezustand bis zur Hälfte des normalen Körpergewichts festgestellt hat. Das klingt sehr sonderbar, aber Sie können das unter anderem nachprüfen in dem bekannten, sehr sorgfältigen Werk von Cesare Lombroso: „Hypnotische und spiritistische Forschungen." Ich werde über diese Phänomene noch bei Behandlung des Spiritismus und des Hexenwesens sprechen, in dem Sie noch sehr viel erstaunlichere Dinge erfahren werden. Weiter: der sogenannte aufgeklärte Mensch hält die Stigmatisationen, die Begabung mit den Wundmalen des heiligen Franz von Assisi und anderer christlicher Märtyrer und Heiligen für Unsinn, bestenfalls für eine hübsche Legende Solche Stigmatisationen sind aber in wissenschaftlichen Experimenten durch Hypnose oder Autosuggestion in zahlreichen Fällen erzielt worden, die unter anderem Dr. Carl du Prel in seiner „Magie als Naturwissenschaft" namhaft macht, einem besonders für materialistisch orientierte Wissenschaftler sehr empfehlenswerten Werk.

Man lacht heute auch gerne über Talismane und

glaubt, daß Gegenstände nichts Übertragbares enthalten könnten, es sei denn Bazillen, die man im plump-physischen Sinne greifbar nachweisen kann. Das ist nicht ganz der Fall. Ich selbst habe oft einem medial oder hellseherisch Veranlagten Gegenstände von Personen gegeben, die ihm völlig fremd waren, und nach denen er mir genau Aussehen und Schicksal der fraglichen Personen beschrieben hat. Denken Sie daran, mit welcher Genauigkeit die sogenannte Seherin von Prevorst alle Dinge genau unterschied, ohne sie zu sehen, wie sie auf das bestimmteste angab, ob sie Silber, Blei, Gold oder Kupfer in der Hand habe. Es ist heute noch sehr interessant, Kerners „Seherin von Prevorst" zu lesen. Freilich ist es ein Buch, das eine gewisse Kenntnis des Okkultismus voraussetzt, wenn man viel davon haben will. Zum Kennenlernen des Gebietes sind die Bücher der heutigen Forscher wohl vorzuziehen.

Sie sehen aus alledem bereits, in welcher Richtung Sie hier einige Erklärungen zu suchen haben werden. Sie brauchen bloß das Problem der sogenannten Hyperästhesie oder Überempfindlichkeit zu studieren, resp. seinen Gegenpol, die Anästhesie oder Unempfindlichkeit. Aus dieser Anästhesie heraus lassen sich viele Erscheinungen erklären, die uns aus den Zeiten der frühchristlichen Mystik von Schmerzunempfindlichkeit berichtet und die ebenfalls allzugerne ins Gebiet der Fabel verwiesen werden. Auf ähnlicher Grundlage stehen auch die angezweifelten oder auf die Eselsbrücke der Selbsttäuschung geschobenen Experimente der Fakire, der Derwische und die verwandten Leistungen der niederen Magie. Man nennt das gerne Schwindel, vergißt dabei

aber die Tatsache, daß zum Beispiel die meisten Schwer-
verbrecher anästhetisch sind, woraus sich auch ihre oft
eminente Rohheit herleiten läßt. Ich selbst habe in der
Psychiatrischen Klinik in Leipzig einen Schwerverbre-
cher gesehen, der sich eine große Nadel durch die Hand
und die Wange stach, ohne jede Schmerzempfindung
und ohne einen Tropfen Blut zu verlieren. Das einzige
Sekret war ein schwacher Tropfen Blutwasser. Hier
liegt eine Parallele, die sich geradezu mit Fingern greifen läßt. Sie sehen also, ganz so leicht wird einem das
Ablehnen aller okkulten Tatsachen und das vermeintliche Drüberstehen vom hohen Olymp unserer heutigen
Scheinkultur nicht gemacht. Beispiele der sogenannten
Exteriorisation, das heißt des Verlassens des physischen
Körpers in einem feinstofflichen, möchte ich Ihnen heute
noch nicht geben. Es ist vielleicht etwas viel auf einmal
für diejenigen, die sich an eine Neuwertung der Begriffe
erst gewöhnen müssen. Ich werde Gelegenheit dazu
haben, wenn ich Ihnen das Gebiet der niederen Magie
schildern und erklären werde.

Heute kommt es mir nur darauf an, Sie in das Gesamtgebiet, das wir in den nächsten Vorträgen besprechen werden, gleichsam hineinzusetzen, damit Sie selbst
mit darin sind und nicht nur die Tatsachen an sich vor-
überziehen lassen. Glauben Sie auch, bitte, nicht, daß
ich Ihnen einzelne, besonders seltene Fälle herausgreife.
Es gibt über diese Phänomene eine Fülle streng wissenschaftlicher Literatur, streng wissenschaftlich im Sinne
der heutigen Hochschulbildung und des rein verstandesgemäßen Denkens. Was ich heute erwähnte, waren
noch keine für viele Wissenschaftler strittige Namen der

höheren Esoterik, wie Theophrastus Paracelsus, Agrippa von Nettesheim, Jakob Böhme, Angelus Silesius, Swedenborg und andere, es sind streng akademische Namen, wie zum Beispiel Alfred Russel Wallace, Crookes, Aksakow, Kotik, du Prel, Reichenbach, Daumer, Perty, Rochas, Flammarion, Richet, Schrenck-Notzing, Kemmerich und ähnliche.

Ich habe meine Beispiele bisher aus diesem Gebiet menschlichen Denkens geholt, um Ihnen zu zeigen, daß selbst vom Standpunkt des reinen Verstandes der Okkultismus ein nicht zu umgehendes Problem ist. Mit dieser Einschätzung soll natürlich keineswegs gesagt sein, daß die letztgenannten Forscher sich auf ein niederes Verstandesdenken beschränkt hätten. Hätten sie das getan, wären sie wohl, wie die akademische Mehrzahl der Nichtpersönlichkeiten, ängstlich diesen schwierigen Fragen aus dem Wege gegangen. Es soll damit nur festgestellt werden, daß diese Forscher erst einmal die auch dem Materialisten gangbare Brücke zu schaffen versuchten und damit ihre Forschungen auf die Schwelle zwischen dem allgemein Bekannten und den ersten Anfängen des Unbekannten zu stellen hatten.

Es ist nun meine Aufgabe, Sie auch in die höhere Esoterik, in höheres, über dem Verstand lebendes Denken einzuführen, bevor ich bei dem einen wie dem anderen auf genaue Schilderungen und Erklärungen eingehen kann. Sie werden mich nun fragen, was ich unter höherem Denken verstehe, und ich möchte Ihnen dafür ein Beispiel nennen. Denken Sie sich den Keim einer Sonnenblume, der doch gewiß etwas Reales ist. Denken Sie sich, daß dieser Keim wächst, Blätter und Blüten bildet, und in diesen Blüten wieder tausend Keime sitzen, die das gleiche ergeben und also in sich tragen. Stellen Sie sich vor, daß also im ersten Keim von Anfang an enthalten waren alle die tausend Blüten und abertausend Keime in die Unendlichkeit hinein. Ich habe diesen Gedanken, der eigentlich bereits eine Meditation ist, in meinem Buche „Genius astri" künstlerisch behandelt. Oder denken Sie daran, daß Getreidekörner, die man in den Pfahlbauten der Schweiz fand, noch nach Tausenden von Jahren keimfähig geblieben waren. Das sind Gedanken, die verstandesgemäß nicht denkbar, nur im höheren Denken erahnbar, auf Kräfte hinweisen, die weit stärker und realer sind, als alle greifbaren und analysierbaren Dinge, so wenig sie physisch greifbar sind.

Schon hier, beim einfachsten Beginne höheren Denkens, erhält man ein Bild davon, daß das eigentliche Leben, das eigentlich Wirkliche sinnlich nicht faßbar ist. Es ist wertvoll, sich öfters solchen Gedanken hinzugeben, sie bringen einen dem Kosmischen, dem Weltgeschehen näher, von dem das reine Nützlichkeitsdenken so sehr entfernt. Wie wichtig das ist, werden Sie sehen, wenn ich Ihnen später immer weiter erklären darf, daß der Mensch ein Mikrokosmos im Makrokosmos ist, eine kleine Welt in der großen, verbunden untereinander mit Fäden, die zu überschauen menschliches Begreifen übersteigt. Ich werde darauf zurückkommen bei Besprechung der Astrologie, aber etwas über Astrologie will ich Ihnen gleich jetzt in diesem Zusammenhange sagen. Sie werden nun einwenden, daß Sie gewiß manches zugeben wollen, daß aber Astrologie denn doch ein überwundener Aberglaube sei. Auch diese Illusion muß ich Ihnen nehmen, und ich tue das vorläufig nur ganz im Vorübergehen, um Ihnen den Zusammenhang des Menschen mit der Umwelt, dem Kosmischen, zu zeigen, auch des heutigen Menschen mit seiner drahtlosen Telegraphie, seinen Flugzeugen und allen den vielen ähnlichen Errungenschaften der Technik, mit denen man gegenwärtig glaubt, sich von der Natur emanzipiert zu haben. Der Arzt Dr. Wilhelm Fließ hat auf Grund äußerst mühsamer und sorgfältiger Forschungen festgestellt, daß Beginn und Schluß allen Lebens auf bestimmte periodische Tage fällt. Im Auszug hat er diese Tatsachen in einer kleinen Schrift „Vom Leben und vom Tode" (Verlag Diederichs, Jena) niedergelegt, in der er unter anderem sagt, daß alles Leben nach einem inneren, in der lebendigen Substanz selbst gegebenen Mechanismus abläuft, einem Mechanismus, welcher für den Menschen, das Tier und die Pflanze der gleiche ist, einem Mechanismus, der die Stunde unserer Geburt mit der gleichen Sicherheit kündet wie die des Todes. In der Natur ist eben alles nach Maß und Zahl geordnet, und auch die moderne Wissenschaft muß die von Fließ zitierten Worte des Pythagoras „Gott rechnet" (ὁ θεὸς ἀριθμητίζει) wieder aufnehmen und unterschreiben. Denken Sie daran, welche Merkwürdigkeiten beim Versehen schwangerer Frauen stattfinden, wie stark kosmische Einflüsse hier auf den durch das Schaffensmysterium überempfänglich gewordenen Mutterleib einwirken können, so haben Sie wieder ein Beispiel für kosmische Verbindungen, die keinem Eigenwillen oder Eigendenken unterliegen. Als besonders interessant will ich noch

31

ein Kuriosum erwähnen, das du Prel in seiner „Magischen Psychologie" anführt, nämlich daß der Hofrat Spener, Berlin, in seinem Naturalienkabinett ein Ei hatte, während der Sonnenfinsternis 1706 gelegt, mit dem Bild der Sonne, vor welche der Mond tritt. Dr. Fließ hat übrigens auch die engen Beziehungen aufgedeckt, die zwischen Mutter und Kind auch nach der Geburt, bis zu dessen siebentem Lebensjahre, dauern und sich in Zusammenhang mit der monatlichen Regel der Frau bringen lassen. Die Existenz eines Menschen ist eben, um du Prels Worte zu brauchen, viel wunderbarer als sämtliche Gespenster. Sie sehen, es ist nicht gut möglich, Astrologie ganz einfach abzutun, bloß weil sie einem unbequem ist.

Es ist fraglos anzunehmen, daß die alten Hochkulturen Zusammenhänge wußten, die uns abhanden gekommen sind. Denken Sie allein daran, welche Schätze wissenschaftlicher Erkenntnis beim Brande der Alexandrinischen Bibliothek verloren gegangen sind. Was da verbrannte, waren alte Weisheiten Indiens, Ägyptens, Chaldäas und Griechenlands, Schätze, die in anderer Form wiederzufinden unsere Aufgabe ist, jedenfalls aber Kenntnisse, auf die wir kein Recht haben herabzusehen. Man hat zum Beispiel viel gespottet über ägyptische Astronomie und Astrologie, beachtete aber nicht, daß sie in ihrer Weise richtig, nur eine andere Form waren, die Dinge zu schauen. Wie erstaunlich gerade die Kenntnisse der Astronomie und Mathematik bei den Ägyptern waren, hat erst die neuere Forschung wieder erwiesen. So hat unter anderen Professor R. Hennig kürzlich darauf aufmerksam gemacht, welch ein Wunder mathematisch-astronomischer Erkenntnis der Bau der Cheopspyramide ist. Nicht nur ist sie im Verhältnis der Zahl π erbaut, die somit den Ägyptern bekannt und noch genauer errechnet war als uns geläufig, sie steht auch auf dem Schnittpunkt des Längengrades und des Breitengrades, die die meisten Landflächen und die wenigsten Wasserflächen berühren, und der Gang in ihr Inneres trifft in seiner Verlängerung genau auf die Stelle des Himmels, wo zur Zeit der Pyramidenerbauung der Himmelspol war, nämlich auf einen Stern im Drachen, der um das Jahr 2300 vor Christus der Polarstern war.

Es hat eben immer sehr tiefgehende Naturerkenntnisse gegeben zu allen Zeiten — und damit komme ich auf das Gebiet der höheren Esoterik und des sogenannten Logenwesens, das ich in meiner heutigen Einführung nur streifen kann, und auf das ich im nächsten Vortrag weiter eingehen werde. Es gab zu allen Zeiten Menschengruppen, die sehr große Kenntnisse besaßen und sie verwalteten und überlieferten zum Wohle der Allgemeinheit. Eine große Kette führt uns vom Untergang der Atlantis, von der ersten historisch faßbaren Zeit, vom Indien des Rama und Krischna nach Chaldäa und zum Hermes Trismegistos Ägyptens, über Moses und Orpheus zu Pythagoras und Plato, vom Mysterium von Golgatha zum Gral, dessen Vorläufer im Kesselkult der Ceridwen der Druidischen Mysterien sich vereinigt in den Templern und der Parsifalüberlieferung und hinführt über Hochgradmaurer und Rosenkreuzer bis zu den ähnlichen Gruppen der heutigen Zeit. Es ist wertvoll, festzustellen, daß jene Erkenntnisse im Grunde stets die gleichen waren, nur verschieden in ihrer Ausdrucksform und im Grade ihrer und der allgemeinen Evolution, niemals aber verschieden in ihren ersten Bausteinen, denn Naturerkenntnis mit Einschluß der übersinnlichen Welt ist eben etwas, was nicht beliebig geändert werden kann, es ist Religion im tiefsten Sinne, und deshalb gibt es auch in dem Sinne nur eine Religion, so viele Kirchen es auch gegeben hat und gibt Gewiß eine sehr vielen unbequeme, aber darum nicht minder wahre Tatsache.

Diese Kenntnisse der Gruppen oder Logen, wie Sie es nennen wollen, wurden streng geheim gehalten Es geschah das nicht aus Geheimniskrämerei, und Sie müssen dabei nicht an die rituellen Spielereien vieler kleiner Logen der Gegenwart denken, sondern man suchte die Menschen sehr sorgfältig aus, die ein solches Wissen vertragen konnten und die fähig waren, es anzuwenden ohne Eigennutz und Selbstzwecke. Mag das nicht immer erreicht worden sein — uns geht hier nur das Prinzip an, das es erstrebte. Man lernte gewaltige Naturerkenntnisse kennen, deren Anwendung zum Guten oder Bösen eine sehr einschneidende Frage sein konnte. Sie sehen hier bereits berührt den Unterschied zwischen weißer und schwarzer Magie, die sich beide durch die Geschichte der ganzen Menschheit hindurchziehen und wahrhaftig kein Phantom sind. Auch heute nicht, denn gerade in dieser Weltkatastrophe sind unheimliche Mächte am Ruder gewesen und sind es eben noch Daran wird nichts geändert dadurch, daß die materialistisch denkende Menschheit die Puppen des Staatslebens für die wirklichen Drahtzieher hält. Man bekommt schon manchesmal ein Gefühl, wie es der Reiter über den Bodensee hatte, wenn man diese Dinge kennen lernt. Das Geschehen der heutigen Zeit ist aber viel zu einschneidend, als daß man noch bequeme Vogel-Strauß-Politik treiben und, aus bewußter oder unbewußter moralischer Feigheit heraus, alles Übersinnliche zu leugnen versuchen könnte. Mit dem „Skeptizismus der Ignoranz", wie ihn Schopenhauer nennt, ist die Gegenwart nicht mehr zu erfassen.

Im übrigen aber kann ich Ihnen die Versicherung geben, daß man aufhört zu fürchten, was man erkennt. Das menschliche Leben ist nun doch nicht so grauenvoll, als es oft erscheinen mag, und ganz gewiß nicht so öde, als es der Materialismus darstellt. Der Gang zu diesen Erkenntnissen ist der Gang zum anderen Ufer, und ich sagte Ihnen schon einmal, daß es der Gang ist zu Ihrer aller Heimat, zur Wiege der Menschheit. Ich will Ihnen im Anschluß hieran im nächsten Vortrage ein Bild dessen geben, was man unter Initiation, unter Einweihung verstand und versteht, und will versuchen, Ihnen zu schildern, welche Aufgaben solche durch die Einweihung gegangenen Menschen und die von ihnen geführten Gruppen erfüllten oder noch zu erfüllen haben. Denen, die alle diese Dinge für absurd halten und gerne glauben möchten, daß der ganze Okkultismus eine Beschäftigung für Obskuranten sei, möchte ich noch sagen, daß sie sich in der Mystik in bester Gesellschaft befinden werden — und ich nenne Ihnen beispielsweise nur die Namen von Ovid, Vergil, Shakespeare, Dante, Lionardo da Vinci, Milton, Goethe und Novalis. Wirkliche Religion, wirkliche Kunst und wirkliche Wissenschaft, jedes unendlich selten, sind immer im Grunde eines gewesen und werden immer eines sein.

Ich habe versucht, Ihnen heute eine flüchtige Einführung in das Gebiet des Okkultismus zu geben, Ihnen gleichsam nur die Vorbedingungen für das weitere zu schaffen. Die nächsten Vorträge werden an interessanten Daten sicher mehr bringen können, da ich dann in der Lage bin, die einzelnen Gebiete sorgfältiger zu behandeln, so daß Sie, wie ich hoffe, einen gewissen Überblick über das Ganze gewinnen, der, ohne erschöpfend sein zu können, doch ausreichen wird, Sie Ihre eigenen Wege aus eigener Wahl heraus gehen zu lassen. Die rein wissenschaftlichen Daten, die ich Ihnen heute gab, sind eine gute Vorbereitung für die Erörterung der sogenannten niederen Magie, von der auch heute alle Welt noch voll ist, während die Beispiele höheren Denkens, die wir berührten, die richtige Gesinnung für die Initiationsbegriffe bilden. In diese werde ich Sie einführen an der Hand des Schlafes, den ich beim nächsten Male erklären werde. Sie haben in ihm einen der wichtigsten Schlüssel zur übersinnlichen Welt, denn er ist ja der Zustand des Menschen, der sich bisher der Erforschung der verstandesgemäßen Wissenschaft entzogen hat, und der doch die Hälfte des menschlichen Lebens umfaßt. Wo sich der Mensch im Schlaf, also während der Hälfte seines Lebens befindet, vermag Ihnen keine materialistische Wissenschaft zu sagen, und hier befindet sich die Pforte zur Einweihung, zur Initiation. In ihm liegt „unseres Seins verhangene Tempeltüre".

INITIATION UND LOGENWESEN

Es erscheint vielleicht verfrüht, jetzt schon vom Begriff der Initiation und den sogenannten Logen zu sprechen, anstatt langsam von den wissenschaftlich noch faßbaren Vorstellungen der niederen Magie zur höheren Esoterik emporzusteigen. Aber für die Erklärung niedermagischer Phänomene ist eine gewisse, wenn auch begrenzte Terminologie unentbehrlich, die ohne eine allgemeine Übersicht über das Gebiet des Logenwesens schwer verständlich sein würde. Daher will ich, nachdem ich das vorige Mal schon den Schlaf als Eingangspforte einer höheren Wahrnehmung gekennzeichnet habe, heute eine allgemeine Einführung in die höhere Esoterik geben, die freilich erst nur in Umrissen gezeichnet, im Verlauf der weiteren Vorträge ausgebaut und erweitert werden soll. Wenn wir heute von sogenannten Logen sprechen, so müssen wir uns darüber klar sein, daß sie nicht mehr den gleichen Charakter der früheren Zeiten, die Prägung wirklicher Geheimschulen haben. Sie sind zumeist kaum mehr als Vereinigungen mit ethischen und humanitären Zielen, und ihr eigentliches Geheimwissen ist mit wenigen Ausnahmen ein begrenztes. Damit ist natürlich nicht gesagt, daß es nicht auch heute, nur eben sehr viel weniger sichtbar und zahlreich, Geheimschulen gibt, die über sehr umfangreiche Kenntnisse und Erkenntnisse verfügen. Was aber bei den heutigen Logen, den Resten früherer wirklich wissender Genossenschaften, noch heute interessant ist, ist ihre reiche Symbolik, auf die sich allerdings vielfach das ihnen eigene esoterische Moment beschränkt — ja, viele Angehörige solcher Logen wissen nicht einmal mehr die Bedeutung der Riten und Symbole, mit denen sie sich umgeben und sprechen ihnen kaum mehr als eine nur traditionelle Wertung zu. Es scheint mir jedoch ungerecht, diese Symbolik, die vielfach, ohne ihren Sinn zu kennen, angewandt wird, allzu gering zu achten. Gewiß vermittelt sie keine eigentliche Kenntnis mehr, aber auch jetzt ist sie nicht ohne Wirkung, wie jeder Ritus, der, einer geistigen Wahrheit entsprechend, gewohnheitsgemäß und gedankenlos mitgemacht wird. Ein kleines Kind wird auch gedanklich keine Unterschiede angeben können zwischen Kunstwerken Rembrandts und Raffaels und irgenwelchen bösartigen Reklameplakaten oder unkünstlerischen Öldrukken — aber gewiß ist es nicht ohne Belang, ob eine Kinderstube mit dem einen oder anderen geschmückt ist, ob eine Kinderseele im Unbewußten künstlerische oder unkünstlerische, oft vielleicht verzerrte Eindrücke in sich aufnimmt. Eine ähnliche Wirkung kommt auch den Riten und Symbolen zu, mit denen man sich umgibt. Der mit solchen Symbolen gerne getriebenen Geheimnistuerei soll man freilich ablehnend gegenüberstehen und den angeblichen Kenntnissen solcher Geheimniskrämer möglichst skeptisch begegnen.

Es gibt im ganzen Okkultismus tatsächlich keine Geheimnisse als die des Nichtverstehens. Es ist ohne weiteres einleuchtend, daß man einem Anfänger in der Chemie nicht gewisse Fragen erklären kann, die sein weiteres Studium erst voraussetzen — genau den gleichen Fall haben Sie im sogenannten Geheimwissen vor sich, das nur darum und nur so lange geheim ist, als Sie sich nicht gewisse Kenntnisse aneignen, die als Vorkenntnisse zu den von Ihnen gestellten Fragen und Problemen erforderlich sind. Freilich handelt es sich hierbei zum Unterschied von einer im physischen Sinne realen Wissenschaft nicht nur um Kenntnisse, sondern um Erfahrungen, um Dinge, die erlebt sein wollen. Man kann wohl einem Kinde von zehn Jahren den Begriff der Liebe mehr oder weniger glücklich definieren, aber es wird doch bloß eine theoretische und sehr unzulängliche Vorstellung bleiben, bis das Kind nicht als Erwachsener in das Liebesleben durch eigene Erfahrung eingetreten ist. Ein zweiter Einwand, der dem sogenannten Geheimwissen häufig gemacht wird, ist der, daß es Gefahren in sich berge, die Gesundheit und Seele des Menschen zerrütten können. Auch hierbei können Sie das chemische Studium als Parallele heranziehen. Gewiß gibt es sehr wesentliche Gefahren überall da, wo es sich um eine Erweiterung der Naturerkenntnis und ihrer Kräfte handelt, in der Chemie so gut wie in der Geheimwissenschaft. Wenn jemand ohne genügende Vorkenntnisse in einem chemischen Laboratorium auf eigene Faust Experimente anstellt, so kann und wird er sich und andere höchstwahrscheinlich schwer gefährden. Daraus zu folgern, daß die Chemie als Forschungsgebiet verwerflich sei, wäre sehr naiv. Schließlich wohnen bei aller Kenntnis und Forschung Arzneien und Gifte in engster Nachbarschaft beieinander.

In den heutigen Logen wird übrigens nur wenig übersinnliche Forschung noch getrieben, auch in den anerkannten nicht, die in geringer Zahl, auf ihren alten Traditionen fußend, den zahllosen nicht anerkannten gegenüberstehen, die mehr Spielerei als Loge sind. Immerhin kann man annehmen, daß in den Bibliotheken der anerkannten Logen viel wertvolles Material auf dem Gebiet der Geheimwissenschaft zu finden ist. Es ist auch kein Grund, von dieser Annahme abzusehen, wenn die Angehörigen solcher Vereinigungen, die ich näher natürlich nicht bezeichnen möchte, jede übersinnliche Forschung oder geistige Welt überhaupt in Abrede stellen. Man muß dabei berücksichtigen, daß viele Logen heute sogenannte Parolelogen sind, das heißt solche, die ihre Teilnehmer verpflichten, aus irgend einem Grunde gewisse Ansichten zu propagieren und gewisse Kenntnisse zu verneinen. Es braucht dies nicht stets unethischen Motiven zu entspringen; man hält vielleicht bei der Entwicklung der Jetztzeit diese oder jene Idee, obwohl an sich richtig, für gefährlich oder entwicklungsfeindlich aus einer Art von ethischer Politik heraus. Ich persönlich bin der Ansicht, daß diese Anschauung, die früher vielfach nicht unberechtigt war, sich mit der heutigen menschlichen Moral nicht mehr verträgt. Auch innerhalb der einzelnen Logen spielt die Frage, wieviel und was man von den sonst geheim gehaltenen Kenntnissen einer Allgemeinheit heute freizugeben habe, eine große Rolle und führt zu Spaltungen und Parteien innerhalb der gleichen Gemeinschaft. Außer dieser ethischen oder nichtethischen politischen Erwägung war und ist das Prinzip der Paroleloge vielfach, daß eine Waffe weit gefährlicher und wirksamer ist, wenn man sie verbirgt, als wenn man sie offen zeigt und sich zu ihr bekennt. Im allgemeinen muß man sich unter einer Loge, um einmal ihrem wirklichen Begriff näherzukommen, nichts anderes vorstellen, als eine Bibliothek, zu der man einen Schlüssel erhält, den man vorher nicht hatte. Man kann aber in solcher Bibliothek sehr verschiedene Resultate zeitigen, man kann in ihr arbeiten oder schlafen. Das wird jedem überlassen. Der wirkliche Okkultismus darf nie enthüllen, sondern nur Wege weisen, die zu eigenen Erfahrungen und Erlebnissen führen.

Die Frage nun, inwieweit gewisse Kenntnisse oder Anweisungen freigegeben werden sollen, ist keine unwichtige in einer Zeit, in der die Rettung einer versinkenden Kultur davon abhängt, ob die Menschheit aus dem Materialismus der letzten Jahrzehnte herausfindet und den Angelpunkt der Moral, daß es ein jenseitiges Leben, ein über dem physisch Wahrnehmbaren vorhandenes Dasein gibt, wieder zu ergreifen imstande ist. Es wird gewiß nicht zu vermeiden sein, alte Erkenntnisse früherer Hochkulturen in unsere jetzige absteigende Entwicklungsepoche wieder hineinzuwerfen, ganz abgesehen davon, daß in der heutigen Kulturkatastrophe ein Teil der Menschen selbst im Innersten danach verlangt, weil er eingesehen hat, daß die Ereignisse unserer Tage mit ihrem grauenhaft gewaltigen Ausmaß der Zerstörung rein verstandesgemäß mit den bescheidenen Resultaten unserer Forschungen nicht mehr erklärt werden können. So wird die Richtung der Freigabe gewisser sonst geheim gehaltener Erkenntnisse sicher siegen und sich immer mehr durchsetzen, aber die Frage, bis zu welchem Grade man darin gehen soll und welche Form die jeweilig geeignetste sein dürfte, wird sehr verschieden beantwortet werden müssen. Man muß sich auch durchaus klar darüber sein, daß man gewisse Gefahren damit in den Kauf zu nehmen hat. Ich meine hier weniger wirklich gefährliche Kenntnisse geheimer Kräfte, die es allerdings gibt, denn zu diesen gelangt man nicht so bald u nd leicht und jedenfalls nicht auf dem bequemen Wege einer Enthüllung oder einer freigegebenen Kenntnis. Aber nicht immer vermeidlich ist die Gefahr eines Dünkels und Hochmuts, der sehr leicht bei kleinen und darum u nbescheidenen Geistern einsetzt, wenn sie ein Wissen erfahren, von dem sie annehmen, daß es noch nicht Allgemeingut ist. Es schadet einer Idee, wenn in und mit ihr sozusagen ständig das Kapitol gerettet wird, es diskreditiert wichtige Impulse des Fortschritts, wenn man allerlei Unsinn von ihnen behauptet, der mißverstanden und entstellt wiedergegeben und weitergetragen wird. Allzuleicht begegnet man dann statt dem Götterbilde seinen Karikaturen, und ich selbst bin der Ansicht, daß zwar gewisse Elementarbegriffe der Esoterik heute soweit als möglich wieder erweckt werden sollen, daß man aber mit den schwierigeren Fragen und verzweigten Details doch sehr vorsichtig sein und hierin nur gradweise und streng individuell vorgehen sollte.

Ich habe gute Ideen und deren Träger weit häufiger in Schutz nehmen müssen gegen den Unsinn ihrer Anhänger als gegen die Angriffe ihrer Gegner. Jeder logische Angriff läßt sich entwaffnen auf der Grundlage des Tatsächlichen, aber Dünkel und Irrtum lassen sich schwer aus der Welt schaffen, ohne oft eine Idee auf lange Jahre hinaus begraben zu haben. Die alten Logen wußten also schon sehr gut, warum sie das Schweigegebot so streng aufrecht hielten, und wenn wir das heute auch nicht mehr tun können und sollen, so wäre auch heute mancher guten geistigen Bewegung sehr gedient gewesen, wenn ihr Führer sich genauer seine Anhänger angesehen hätte, ehe er ihnen Dinge enthüllte, für die sie keinerlei Vorkenntnisse mitbrachten. Das Resultat dieses nicht gradweise, sondern wahllos vorgehenden Verfahrens ist meist ein einseitiger Fanatismus, der die Erkenntnis zum Dogma versteinert und an Stelle einer lebendig und organisch sich entwickelnden geistigen Kultur eine kirchliche Institution schafft, die, auf blindem Autoritätsglauben fußend, eher kulturfeindlich als -fördernd wirkt. Mit irgendwelchem Sektierertum, welcher Prägung es auch sei, ist unserer Zeit nicht gedient. Nicht das Verketzern anderer und das Schwören auf eine einzige Person oder Lehre kann eine neue Kultur anbahnen, sondern lediglich das Erkennen und Hineinwachsen in eine geistige Welt von jedem einzelnen aus, eine Welt, die als vorhanden erlebt, nicht geglaubt werden darf.

Wenn ich nun zum Begriff wirklicher Esoterik übergehe, will ich vor allem vorausschicken, daß es eine solche stets gegeben hat und daß wohl die Ausdrucksform je nach der Stufe des Volkes und nach Prägung der Zeit eine verschiedene gewesen ist, ihre Grundlage aber stets die gleiche war. Mit kurzen Worten: es hat viele kirchliche Systeme gegeben, aber es gab und gibt nur eine einzige Religion. Eine wirklich vom Geist des Göttlich-Menschlichen getragene esoterische Forschung darf darum auch nie aus den Augen verlieren, daß sie nicht die Verschiedenheiten der religiösen Systeme zu suchen und zu finden hat, sondern ihre Gemeinsamkeiten, ihre verbindenden Brücken, die dann ihrerseits eine einzige Brücke bilden zur geistigen Welt. Nie kann man das Wesentliche eines Landes anders schildern als es ist, mag man es auch noch so persönlich in Einzelheiten schauen — genau so wenig kann man die geistige Welt, wenn man sie als Realität betreten hat, anders sehen, im wesentlichen wenigstens, als sie die sahen, die vorher ihren Fuß an dieses ferne Ufer setzten, oder als es die sehen werden, die einst nach uns dieses Ufer betreten.

Den Gang zu solchem Ufer, zum Reich der Gedanken in ihrer greifbaren Wirklichkeit darf man freilich nicht messen mit der niedersten Form menschlichen Denkens, dem Verstande. Es handelt sich hier um ein höheres Denken, ein erahnendes, intuitives, das zum Beispiel der Kunst eigen ist, deren Schaffensmysterium ja auch niemals mit dem gewöhnlichen Verstande auch nur annähernd begriffen werden kann. Darum ist auch die Kunst aller Zeiten verwandt in sich und reicher an esoterischen Erkenntnissen bewußter oder erahnter Eigenart, als man im heute beliebten analytischen, kunst- und intuitionsfernen Denken annehmen möchte. Die Kunst ist ein Glockenguß aus dem Geistigen ins Materielle oder wenigstens Seelische hinein, aber solch ein Glockenguß, daß seine Glocke, wenn sie klingt, im Unter- oder Überbewußten lange vergessene, aber einst gehörte Glockenklänge weckt, die im Geistigen beheimatet, hier nur in umgeprägter Form der Erinnerung des Anklanges hörbar gemacht werden können durch künstlerische Intuition gepaart mit künstlerischer Schaffenskraft in ein Stoffliches hinein.

Wenn nun das Leugnen solchen Denkens und solcher
Esoterik notwendig zu Beschränktheit und verstandes-
gemäßer Kleinheit führen muß, so muß man anderseits
auch vor einer Gefahr warnen, die eine esoterische Erkenntnis in sich schließen kann. Auch sie darf, als intuitives Schauen oder Denken, nie verstandesgemäß
aufgefaßt werden, sonst führt auch sie, wie die beschei-
denere analytische Gedankenschwester, zum Dünkel,
und zu fanatischer Enge des Horizonts. Viele Sekten
sind traurige Beispiele solcher verkümmerten Esoterik.
Es ist gewiß interessant und für viele lehrreich, eine
Blume rein vom botanischen Standpunkt kennen zu lernen, aber wenn man darüber verlernt, ihren Schönheits-
wert, die Andacht vor ihrem ethisch-ästhetischen Wesen
einzubüßen, so wäre es besser gewesen, man hätte sich
niemals mit Botanik befaßt. Gewiß sind in einer Pflanze
genau greifbare Strukturen, feststellbare Staubfäden usw.
enthalten, aber eine Anzahl von Staubfäden sind noch
lange keine Blume, die lebt und atmet und Geheimnisse
birgt, die sich nur dem dichterischen Erleben im Menschen offenbaren. Allzuleicht, leichter noch als in der
physischen Wissenschaft, werden hier Wege zu Irrwe-
gen und lebendige Straßen des Lebens zu toten Kennt-
niskammern. Weder esoterische noch exoterische Kenntnisse dürfen eben zu doktrinärem Dünkeltum führen.

Ich sagte schon, daß es zwar viele verschiedene reli-
giöse Systeme gibt und gegeben hat, aber nur eine einzige Religion, die allen diesen verschiedenen Äußerungs-
formen in ihrem Kern gemeinsam ist. Man hat aus
Gründen der jeweiligen Entwicklung der Menschen oder
noch viel häufiger aus Gründen reiner Machtpolitik die

Verschiedenheiten dieser Religionssysteme betont und ihre Gemeinsamkeit verschleiert. Tatsache ist jedenfalls, daß die eigentliche Geheimlehre, die zu allen Zeiten für gewisse Auserwählte der Priesterschaft mit derjenigen der Kirche parallel lief, stets und bei allen Systemen mit sehr geringen Unterschieden die gleiche war. Man kann eben ein Land nicht anders schildern, als es ist, — ich möchte hier gleich hinzufügen, daß sogar die niedersten Formen der Magie, also des Eintritts in das Gebiet des Übersinnlichen, bei den verschiedensten, ja oft geradezu heterogenen niederen Völkerschaften stets die gleichen oder zum mindestens aufs äußerste ähnlichen Resultate zeitigen. Berücksichtigen muß man freilich auch hier, daß Ereignisse, Tatsachen der geistigen Welt auch ihrer Entwicklung unterliegen und erst dann als solche geschaut werden können, wenn sie eingetreten sind. So ist das Ereignis von Golgatha in der vorchristlichen Esoterik als vorgeschaute Tatsache, in der christlichen als Wirkung übende, bereits vollzogene Tatsache zu finden.

Jene Geheimlehren nun, die allen Religionssystemen gemeinsam waren, sind nur gewissen Auserwählten nach sorgfältiger Vorbereitung zuteil geworden — sie bestanden in Überlieferungen teils mündlicher, teils schriftlicher Art, die von Jahrtausend zu Jahrtausend weitergegeben wurden. Die hierauf bezüglichen schriftlichen Aufzeichnungen sind sämtlich sogenannte Schlüsselbücher, das heißt solche, deren eigentliches Verständnis erst dem ganz aufgehen konnte, der den Schlüssel zu ihren Worten auf diese oder jene Weise erhalten hatte. Solche Schlüsselbücher sind die indischen Upani-

schaden mit ihrem vielleicht wichtigsten Teil, der Bag-
avadghita, das ägyptische Totenbuch, das Alte Testament, die jüdische Kabbala, das Neue Testament, die Phi-
losophien der sogenannten Eingeweihten, wie Buddha,
Plato, Pythagoras, Theophrastus Paracelsus, Agrippa
von Nettesheim, Jakob Böhme und Angelus Silesius.
Sie alle bilden eine Kette gemeinschaftlicher Begriffe
und Realitäten in verschiedener Prägung, und es ist
kein Grund dagegen, wenn Uneingeweihte vieles in diesen Werken absurd oder zum mindesten dunkel nennen.
Teils liegt eine solche Dunkelheit darin, daß gewisse
Erkenntnisse, wie ich ausführte, Vorerkenntnisse voraussetzen, teils ist eine bewußte Verschleierung, die nur
dem Geprüften enthüllt wurde, vorgenommen worden,
um Unberufene davon fernzuhalten. Es muß hierbei
nämlich deutlich betont werden, daß in der Kenntnis der
höheren Esoterik tatsächlich ein gewaltiges Stück unbekannter Naturerkenntnis enthüllt wird, dessen Miß-
brauch durch solche, die ethisch oder geistig der damit
verbundenen Machtversuchung nicht gewachsen sind,
durchaus ferngehalten werden muß.

Auch in der Dichtkunst, die von allen Künsten von
jeher am meisten Träger priesterlicher Erkenntnis war,
können Sie eine Kette von Werken namhaft machen, die
in sich übereinstimmen, so verschieden sie sonst sein
mögen. Ich nenne hier von mehr oder weniger bewußt
Initiierten nur die Namen: Ovid, Vergil, Dante, Milton,
Shakespeare, Goethe, Novalis. Überhaupt bildet ja nicht
willkürliche Phantasie die Kunstwerke und am wenigsten
die der Dichtung. Rückerinnern, Wiedererleben und Um-
werten geistiger Welten, das Erkennen ihrer Vorbilder in

den Nachbildern des Irdischen sind die Kräfte, aus denen geistige Wirklichkeitswerke geboren werden. So auch entstehen Märchen, und darum gibt es so wenig echte Märchen und echte Märchendichter — gerade beim Märchen, beim kindlichen Urbild der Natur, kann man sofort erkennen, ob es aus geistiger Realität geschaffen wurde, oder ob es nur ausgedachte Spielerei ist. All dies Schaffen entspringt dem Heimweh nach einer geistigen Heimat, nach einem verlorenen Paradies — „du bist, Orplid, mein Land, das ferne leuchtet" — wie Mörike es so wundervoll ausgedrückt hat. Das ergibt nun diese Gemeinsamkeit alles geistigen Schaffens, mag es mehr oder weniger bewußt, mehr oder weniger verschieden in Artung und Form sein, ergibt auch das, worin der Nichtskönner und nur Kritisierende so häufig geistferne nur Anlehnung sieht. So kann man erkennen, daß in der geistigen Welt die gleichen Wirklichkeiten geschaut, oft die gleichen Worte abgelesen werden können zu sehr verschiedenen Zeiten von einer wirklichen Intuition. Ähnliche Verwandtschaft der religiösen Systeme läßt sich an ihren fast durchweg gemeinsamen Symbolen feststellen. All diesen Symbolen liegen sehr greifbare und tatsächliche Begriffe zugrunde, und man könnte sich allein mit ihnen auf dem gleichen Boden finden bei gleicher Vorbereitung und gleichem Grade der Einweihung. Überall sind hier Geheimnisse enthalten, die nur geheim scheinen, aber mit wissenden oder ahnenden Augen abgelesen werden gleichsam aus dem Buche der Schöpfung. Ich wies schon auf die Gemeinsamkeit und das hohe Alter der verschiedenen Kreuzformen hin und erwähnte auch in diesem Zusammenhang noch das Pentagramm, das Fünfeck, das

Sie bei den verschiedensten Völkerschaften als magisches Zeichen vorfinden können. Ohne weiter in seine tiefste Bedeutung einzudringen, mache ich Sie nur darauf aufmerksam, daß der Mensch, der sich mit gespreizten Beinen fest auf beiden Füßen auf die Erde stellt, die Arme seitwärts wagerecht ins All hinausstreckt und den Kopf aufrecht dem Himmel zu richtet, ein Pentagramm in seiner Gestalt ergibt. Diese Einstellung des Menschen, die sich ja leicht deuten läßt, gilt als Zeichen der weißen Magie, während dasselbe Pentagramm mit der Spitze, also dem Kopf nach unten, schwarze Magie bedeutet, die die Kräfte des Menschentums in verkehrter, auf den Kopf gestellter Richtung geltend macht. Oft begegnet man diesem Symbol aufrecht mit dem Zeichen des Kreuzes auf der Spitze oder im mittleren Felde, um die Durchchristung, die Vergottung des menschlichen Ichs darzutun, während das gleiche Zeichen ohne Kreuz oft als Hexenzeichen, als Drudenfuß gilt, wie ja auch dem menschlichen Ich die Neigung nach unten und nach oben im wechselnden Kampf gleichmäßig innewohnt. Interessant ist es, daß der kommunistische Terror in Rußland den roten Stern im Fünfeck als sein Zeichen wählte, durchaus unbewußt, denn er war und ist völlig materialistisch orientiert. Aber hier stand der Stern meist ganz auf dem Kopf oder zum mindesten schräg, ganz konform den hohen menschlichen Ideen, die hier als materialistisches Zerrbild ihrer selbst sich auswirkten.

In manchen Logen ist es heute noch gebräuchlich, die offizielle Aufnahme des Novizen in einem Sarge zu vollziehen, ein Symbol und kaum mehr, aber ein Symbol von großer Bedeutung, wie Sie später sehen werden, wenn ich bei Besprechung der Einweihung näher auf die altägyptische Initiation eingehen werde. Überhaupt stehen alle Riten und Symbole in engster Verbindung und auch sie bilden eine Kette, eine Reihe von Fußspuren menschlichen Geschehens, die auf einsamem Wege zu entziffern der Mühe lohnt. Ähnliche Mysterien finden Sie in der Sprache, die, abgesehen von dem gewaltigen Zauber ihrer sprachmusikalischen, nur vom Dichter zu gestaltenden Wirkung, Geheimnisse in sich birgt, die wieder auf Gemeinsamkeiten aller menschlichen Entwicklung hinweisen. Ich will hier als Beispiel nur die Verwandtschaft der Namen Jahve und Jesus mit dem Worte Ich erwähnen, das in fast allen Sprachen eine interessante Parallele aufzuweisen hat: deutsch Ich, englisch I, französisch Je (wenn man vom alleinstehend gebräuchlichen Moi absieht), schwedisch Jig, russisch я, griechisch ἐγώ, lateinisch ego. Nicht ohne Interesse ist auch das Symbol des Fisches, das im ersten Christentum, besonders dem der Katakomben, eine so große Rolle spielte. Das griechische Wort für Fisch ist ἰχθύς, und seine einzelnen Buchstaben ergeben den Namen Christi in der bekannten Fassung: Ιησοῦς Χριστὸς Θεοῦ υἱὸς σωτῆρ (Jesus Christus, Gottes Sohn, der Retter).

Ich erinnere ferner an den Mithraskult in Persien, dessen Stiersymbol sich vielfach auch in ganz anderen Ländern findet, an die gleichen Parallelen des Widdersymbols, dem wir so oft in Ägypten begegnen — ich erwähne nur die berühmte Widderallee von Karnak — und dem wir vielfach auch anderswo Bedeutung zugemessen finden, wie beispielsweise in der Vision Daniels, im goldenen Vließ der Griechensage usw. Überhaupt

sind die Volkssagen durchaus jenen geheimen Schlüssel-
büchern ähnlich und verwandt und auch ihre Symbole
und Geschehnisse sind Gleichnisse großer und geheimer Evolutionsbegriffe der Menschheit und des kosmischen Lebens. Das Märchen, der Sage eng ver-
schwistert, hat sein eigenstes Sondergebiet, und ich
möchte es daher an dieser Stelle nur flüchtig streifen.
Erinnern aber will ich auch hier gelegentlich der Sage
an gewisse Gemeinsamkeiten, die keineswegs ohne Bedeutung sind, zum Beispiel an die Äpfel der Hesperiden
in der Herkulessage, an die gläserne Apfelinsel Avalon
des Druidenkultes der Kelten, an Schneewittchen, das
sowohl den Apfel wie den gläsernen Sarg kennt, und
diesen Dingen näher steht, als man bei oberflächlicher
Betrachtung in einem den meisten nur niedlich schei-
nenden Märchen vermuten sollte. Ich darf hier hinzufügen, daß alles Gläserne das bedeutet, was hinter der
Pforte des Todes liegt, keineswegs damit ohne weiteres
die höhere geistige Welt, aber jene Schwelle, die sich
hinter dem physischen Leben auftut. Auf die Bedeutung
des Wortes wies ich bereits schon einmal hin und will
im Anschluß an Sage und Zauberritus nur noch auf
die Handhabung des Wortes auch hierin aufmerksam
machen. Gewisse Buchstaben und Laute hatten stets
ihre allgemeingültige Bedeutung, verankert mit Ursachen
geistigen Erkennens, das stets gemeinsam war. So war
vor allem die Sprache eines der gewaltigsten Mysterien
der alten Zeiten, die Sprache nicht nur als Ausdruck
der Volksseele, sondern auch als Schlüssel jener Gemeinsamkeit, die unter den Volksseelen im rein Menschlichen wurzelt und allen Völkern und Menschen ge-

meinsam als damals noch allbekannte, heute wohl nur dem dichterisch veranlagten Menschen faßbare Realität galt. Sie brauchen hierbei nur an die bekannten Merseburger Zaubersprüche zu denken, mit ihrer auch anderen mystischen Dichtungen gemeinsamen Alliteration.

Es gibt naturgemäß kein eigentliches Buch, das restlos in den Begriff des Logenwesens und der Einweihung einzuführen imstande wäre. Dem unvorbereiteten Leser fehlen hier allzuviel Vorbedingungen, die nun einmal, dem Wesen der ganzen Sache gemäß, erst erfüllt werden müssen. Eine solche Einführung kann kaum mehr geben, als einen sehr allgemeinen Charakter dieser Dinge, eine Art von geistiger Gesinnung, bei deren Aneignung man gewisse Geschehnisse mit besonderen, bisher nicht geweckten Augen zu betrachten beginnt. Eine solche Einführung, die sich auf der Grundlage der künstlerischen Stimmung, der dichterischen Schilderung aufbaut, ist vielleicht vorerst einmal die günstigste, denn es handelt sich um Erweckung intuitiven Schauens und Denkens, und solch eine Einführung bietet das oft von mir empfohlene Buch „Les grands initiés" von Edouard Schuré, das in einer vorzüglichen deutschen Übersetzung zu haben ist. Schuré entwickelt hier in äußerst feinen und plastisch gestalteten Bildern die Persönlichkeiten der großen Menschheitsführer von Rama an über Krischna, Hermes Trismegistos, Moses, Orpheus, Pythagoras und Plato zu Jesus. Diese Kette ist keine vollzählige, Zoroaster zum Beispiel ist nicht darin enthalten, und es fehlt die weitere Entwicklung zum Gral, dessen Vereinigung mit den germanischen und druidischen Mysterien, dem Kessel der Ceridwen, Merlin bis zu den Templern, Rosenkreuzern und Maurern. Aber seine ganze Handhabung der Materie, besonders seine schönsten Abhandlungen über Krischna und über Pythagoras und dessen Zahlenmystik, geben dem, der verstehen will, schon ein gut umrissenes Bild dessen, was man unter Logenwesen und Einweihung verstehen soll. Das Kapitel über Christus ist nicht das stärkste, aber der Begriff einer Geheimschule läßt sich am Buche von Schuré besonders für den Unvorbereiteten genugsam erfassen. Speziell sein Kapitel über Pythagoras, der ihm geistig besonders nahesteht, ist hierfür mustergültig, und welch große Bedeutung in kosmischer Beziehung die Zahlenmystik dieses Eingeweihten hatte, davon haben wir eine schwache Vorstellung bereits erhalten bei Erwähnung der Berechnungen von Dr. Wilhelm Fließ.

Ich will nun auf die Einweihung als solche zu sprechen kommen, die zu allen Zeiten sehr verschieden vorgenommen worden ist, deren Bedingungen und Riten aber genau der jeweiligen Entwicklungsstufe der Menschheit und dem jeweilig erstrebten Ziele ihrer nächsten Stufe entsprachen. Von den vielen Formen solcher Einweihung will ich nur die wesentlichsten namhaft machen: den sogenannten achtgliedrigen Pfad der Inder, die altchristliche Einweihung und die sogenannte rosenkreuzerische Einweihung, deren Erscheinen wir ungefähr seit dem Buche von Andreä, „Die chymische Hochzeit des Christian Rosenkreuß", rechnen können. Es würde zu weit führen und ist nicht Absicht dieser Vorträge, auf diese einzelnen Methoden näher einzugehen. Es sei hier nur erwähnt, daß die Forderungen des achtgliedrigen Pfades heute wohl nur dem Asiaten, nicht mehr dem Europäer zugänglich sein dürften. Der altchristliche Weg ist der der absoluten Weltflucht und gefühlsmäßigen Versenkung in gewisse Vorstellungen, wie wir das zum Beispiel bei Franziskus von Assisi noch finden, in höchster Potenz bei seiner Kontemplation auf dem Berge La Vernia und seiner damit verbundenen Begabung mit den heiligen Wundmalen, der sogenannten Stigmatisation, auf die ich später zurückkommen werde. Es liegt auf der Hand, daß auch dieser Weg bei unseren heutigen Lebensformen schwer gangbar sein dürfte und eine solche Weltflucht heute nicht mehr den Forderungen der Ethik und der Mitarbeit am gemeinsamen Aufbau der Menschheit entsprechen würde. Der rosenkreuzerische Weg entstand aus der Notwendigkeit, mit dem immer einseitiger werdenden Verstandesleben zu rechnen und auf der Grundlage des Denkens in besonderer Schulung in diese Gebiete einzudringen. Eine für den Europäer ungefährliche und vorzügliche Einführung in diese Art der Einweihung ist Rud. Steiners Buch „Wie erlangt man Erkenntnisse der höheren Welten". Ich möchte aber gleichzeitig davor warnen, sich diesem Wege allzu verstandesgemäß hinzugeben, es kommt dabei allzuleicht ein sehr starres und doktrinäres Denken heraus, das ohne Andacht und Liebe der Allschöpfung gegenüber sich sehr leicht in gefühlskalte Spekulation verklettern kann. Der richtige Mittelweg dürfte hier zwischen dem altchristlichen und rosenkreuzerischen Wege liegen, den ich persönlich für den besten halte. Eine Norm läßt sich freilich nicht aufstellen, es muß schon jeder selbst suchen und das für sich herausfinden, was ihm der geeignetste Weg auf den Gipfel erscheint. Auch hier ist aller Absolutismus vom Übel, es kommt vor allem darauf an, einen Berg zu ersteigen, und auf diesen Gipfel gibt es keinen allein seligmachenden Weg, wie die Anhänger der verschiedenen Strömungen alle gar zu gerne von sich und ihren Führern behaupten. Auch vom achtgliedrigen indischen Pfade läßt sich ethisch und charakterlich eine Menge lernen, auch wenn man ihn in seinen Vorschriften als Europäer heute nicht restlos beschreiten kann. Der rosenkreuzerische Weg soll übrigens nicht verwechselt werden mit dem Illuminatenorden und seinen oft fragwürdigen Erscheinungen. Er bedeutet weniger eine Gemeinschaft als einen Grad, der sich als fraternitas in cruce rosae auch bei ganz anderslautenden Logen findet.

Alle Einweihung lief nun stets darauf hinaus, die Lostrennung des eigentlichen Menschen, seines in den feinstofflichen Leib gehüllten Ichs vom Körper zu bezwecken, und mit dieser Loslösung vom physischen Gefängnis seinen Eintritt in die geistigen Welten zu ermöglichen. Nun geschieht das zwar bei jedem Menschen jede Nacht im Schlafe, auf den ich im vorigen Vortrag als Eingangspforte zum geistigen Dasein verwiesen habe. Aber die Einweihung bezweckte das bewußte Wiedereintauchen in den physischen Körper beim Erwachen, so daß die Erlebnisse in der geistigen Welt während des Schlafzustandes vollbewußt in den Wachzustand mit hinübergenommen werden, wie man sie halbbewußt mit sich nimmt in sogenannten Wahrträumen oder Erlebnisträumen.

Ich sprach hier vom Ich des Menschen, von seinem feinstofflichen Körper, dem sogenannten Astralleib, und will mich vorerst auf diese flüchtigen Definitionen beschränken, die noch sehr viel komplizierter und genauer in der eigentlichen höheren Esoterik ausgebaut werden. Aber diese wenigen Begriffe erscheinen mir vorerst genügend, um eine gewisse Ihnen leicht faßliche Terminologie festzulegen, auf der ich fußen kann bei Auseinandersetzung der wissenschaftlich näherliegenden und leichter zugänglichen Gebiete der niederen Magie, des Spiritismus, des Hellsehens usw. — Es soll damit gewiß nicht verlangt werden, daß Sie diese Dinge nun als gegeben betrachten, aber ich muß irgend eine Erklärungsmöglichkeit festlegen, bevor ich Sie zu den Tatsachen der akademischen Wissenschaft führe, die vorerst eine Feststellung, aber keine Erklärung der okkulten Phänomene gefunden hat.

Ich werde in den folgenden Vorträgen mich durchaus auf den Boden der heutigen Wissenschaft stellen, habe aber gerade diesen Vortrag über die Einweihung vorweggenommen, weil ich alle Resultate der akademischen Forschung, die ein äußerst reiches und interessantes Feld darbieten, nur mit den hier erst einmal angenommenen Begriffen vom menschlichen Ich und dem Astralleib werde erklären können. Diese einer früheren Zeit sehr begreifliche Terminologie ist, wie Steiner geistvoll bemerkt, verwischt worden durch das achte ökumenische Konzil 869, das das Wesen des Menschen aus Seele und Leib bestehend festlegte im Gegensatz zu der früher zur Geltung gelangten Einteilung in Geist, Seele und Leib — ψυχὴ λογικὴ — ψυχὴ ἄλογος — σῶμα. Diese zu Nicäa 325 festgelegte Dreiteilung des Menschen ist, abgesehen von weiterer Einzelgliederung, auf die ich hier nicht unnötig eingehe, noch heute die geltende in jeder Esoterik. Die Seele allein bedeutet, daß der Mensch nie über seine Gefühlswelt sich erheben könnte, wie es manchen kirchlichen Systemen nicht unbequem sein mag. Diese Leugnung des Geistes, der über alle Begierde und Leidenschaft, über ein nur Seelisches den Weg zur Vergottung zu finden vermag — diese Geistesleugnung hat auch dem Materialismus den Boden geebnet, der ja nun soweit gediehen ist, daß er das Seelische aus dem Körperlichen heraus zu erklären versucht. Es gilt nun durchaus, jene Geisterkennung wieder zu erfassen, und damit das Ich, aus dem Seelischen herausgehoben, seiner Vergottung, seiner Vereinigung im Göttlichen wieder zuzulenken in dem Sinne, in dem Angelus Silesius sagt: „Ich muß Maria sein und Gott aus mir gebären."

Der Geist des Menschen, sein Ich, sein Mikrokosmos im Makrokosmos, ist in diesen Körper lediglich zeitweilig inkarniert. Dieses Ich aus seiner Fessel lösen und wieder mit der geistigen Welt als seiner eigentlichen Heimat verbinden, war und ist Ziel jeder Einweihung. Dieses Ich als solches muß übrigens besonders verstanden werden. Wenn auch jedem das Gefühl seines Ichs, seiner eigenen Welt, mehr oder weniger deutlich ist, so muß man hierbei unterscheiden das Gruppen-Ich, das Völkern, Stämmen und Familien gemeinsam ist und das so stark sein kann, daß es das persönliche Ich noch nicht zum Bewußtsein gelangen läßt, und das eigentliche persönliche Ich, das wie ein Kind aus Mutterleib heraus geboren, aus diesem Gruppen-Ich erst zum Selbstbewußtsein herausentwickelt worden ist und nun mehr oder weniger selbständig im einzelnen Individuum der heutigen Zeit Europas lebt. Ein sehr gruppenfreies Ich, wie das Goethes, der über Nation und Rasse stand, ist auch heute noch selten. Es galt nun, diesem Ich den Weg ins Übersinnliche zu bahnen. Alte Mysterien, zum Beispiel die orphischen, beschäftigten sich vorerst damit, das Ich aus dem Gruppen-Ich herauszuheben, und hierauf zielten der Alkoholgebrauch und die Bachanalien Frühgriechenlands, die später entarteten. Ein eigenes Ich ist nun erreicht zum Unterschied der vorgriechischen Zeit, die ganz gruppenhaft empfand, wie zum Beispiel noch die Menschen des Alten Testaments, die von sich sagten „ich und der Vater Abraham sind eins". Aber dies neu und noch nicht reif gewordene Ich, das allzubereit und schnell in Momenten der Ekstase ins Gruppen-Ich des Volkes und der Familie zurückschlüpft, muß nun vergottet und geläutert werden. Der einzige Weg aus dem Gruppenhaften war ein gewisser Egoismus, der nun zum bewußten und selbsterkannten, aus sich geübten Altruismus werden soll im Sinne des Grales und der Fußwaschung, die sich zum Niederen und Schwächeren neigt, im Sinne des Dienens, wie Kundry dienen lernt.

In früherer Zeit galt es nur, das Ich einzelner zur Führung der Gruppen Befähigter so zu durchlichten und zu vergotten; die anderen wurden gruppenweise geführt, woraus sich die damalige Berechtigung des Kastenwesens der alten Hochkulturen erklärt, das heute nur ein lächerlicher Restbestand jener mißverstandenen alten Weisheit ist. Heute gilt es freilich, möglichst jedes menschliche Ich jenen Gralsweg wenigstens bis zu seiner ersten Schwelle zu führen. Wenn ich also nun einen kurzen Überblick über das Wesen der Einweihung gebe, so bezieht sich diese Schilderung im Altertum nur auf wenige und heute auf alle, die guten Willens sind. „Erkenne dich selbst" war schon der Tempelspruch der Alten, und auf dem Isistempel standen jene so oft mißverstandenen Worte „Ich bin der Ich bin und kein Sterblicher hat meinen Schleier gelöst" — es ist hier kein Rätselspiel gemeint mit einer angeblichen Wiederholung „ich bin, der ich bin", sondern „der Ich — bin" ist hier als Ich gemeint, als Hauptwort, als das urgöttliche Ich bin — Bewußtsein in jedem Menschen, und es ist schon richtig, daß kein Sterblicher diesen Schleier löste, aber das bedeutete nicht, daß nur jenseits des Todes jene Weisheit zu finden war. Es bedeutete, daß man bei lebendigem Leibe die Trennung von Geist und Körper an sich erleben mußte, denn hatte man eine solche, auf die jede Einweihung auch heute noch hinzielt, erlebt, so war man kein Sterblicher mehr insofern, als man bewußt erlebt hatte, daß das Ich in einem nicht sterblich ist.

Das Ich ist eben nicht der Körper, und das Kind, das dem Geistigen noch nähersteht, sagt richtig, wenn es das Ich und die einzelnen Organe seines Körpers nicht identifiziert, wenn es sagt „mein Kopf schmerzt" und nicht „ich habe Kopfschmerzen". Tatsächlich ist es so, daß nicht ich zur Tür hereinkomme, sondern daß ich meinen Körper zur Tür hereintrage. Solche Trennung, in der Einweihung bewußt, geschieht unbewußt im Schlafe, und nur dann kehrt das Ich im feinstofflichen Astralleibe nicht wieder in den Körper zurück, wenn der Vorgang eintritt, den man mit dem Sterben bezeichnet. Der alte Volksglaube kennzeichnet diese Dinge noch sehr richtig in seiner Sage von der weißen und roten Maus, die dem Schlafenden aus dem Munde laufen; die rote kehrt zurück und die weiße nicht wieder, denn diese bedeutet den Tod, während die rote das Hinausgehen des freigewordenen Ichs aus dem im Schlaf verlassenen Körper ansagt.

Somit wurde nun ein besonders tiefer Schlaf in der Einweihung angestrebt, der allerdings nicht zu verwechseln ist mit dem sogenannten Tempelschlaf des späten Griechenland, in dem man im Heiligtum des Äskulap durch besondere Mittel während des Schlafes Anweisungen zur Heilung zu erfahren bemüht war. — Für die eigentliche Einweihung mag hier in Kürze als Beispiel der Vorgang der ägyptischen Einweihung geschildert werden, die in Tempeln und oft auch in Pyramiden stattfand, deren vielen so rätselhafte Kammern durchaus nicht immer dem Begräbnis der Könige dienten, sondern Einweihungsmysterien nutzbar gemacht wurden, wie jeder leicht erkennen kann, der mit diesen Dingen vertraut geworden ist. Vorerst hatte der in die höheren Geheimnisse der Priesterschaft Aufzunehmende eine Anzahl sehr schwerer Prüfungen zu bestehen, die auf Selbstbeherrschung, Mut, Geistesgegenwart und ähnliches gerichtet waren und viel Verwandtes aufweisen mit den noch heute geltenden Proben, nur daß sie weit gröber, weit körperlicher und darum gefährlicher waren als heute. Dann wurde er der eigentlichen Einweihung teilhaftig, die darin bestand, daß er, in einen Sarkophag zum Zeichen seines Todes gebettet, in einen tiefen Schlaf versenkt wurde, dessen eigentümliche Beschaffenheit jedoch darin bestand, daß sein Aufwachen nicht mit dem sonst üblichen Vergessen verbunden war, sondern mit der voll bewußten Hinübernahme der Erlebnisse der geistigen Welten ins Tagesbewußtsein. Es mag vielen sonderbar erscheinen, daß man in verhältnismäßig kurzer Zeit, wie zum Beispiel in wenigen Tagen oder Nächten, eine solche Fülle von Eindrücken mit sich zu nehmen vermag, daß man mit Recht von einer Einweihung, einer Kenntnisnahme der übersinnlichen Welten reden durfte. Schwierig war auch die Frage, ob der Novize diesen kataleptischen Schlaf und die sehr verschärfte Trennung von Geist und Leib überstand, ohne seinen Körper ganz zu verlassen und also zu sterben — in der Tat hatte die alte Art der Einweihung auch wesentliche Gefahren für das körperliche Leben des Betreffenden. Unschwierig aber scheint es zu erklären, daß man in kurzer Zeit Überblicke erhalten kann, die im rein Körperlichen an Raum und Zeit gebunden, einen ungeheuer verlangsamten Vorgang voraussetzen würden. Ich möchte Ihnen hierfür, das heißt für solche leibfreie Wahrnehmung, die berühmte Legende von Mohamed ins Gedächtnis rufen. Als der Prophet auf seinem Lager ruhte, trat sein Engel zu ihm, um ihn durch die Reiche der Himmel zu führen. Mohamed machte eine Bewegung, durch die er eine Blumenvase auf seinem Tisch ins Wanken brachte — dann verlor er das irdische Bewußtsein und folgte seinem Engel durch die sieben Reiche der Himmel, wie es in der Legende heißt. Nachdem ihm sein Engel alles gezeigt, also eine Fülle von Eindrücken, die sich vielleicht mit dem Gesamtinhalt der Göttlichen Komödie vergleichen lassen, erwachte der Prophet ins Tagesbewußtsein und hatte gerade noch Zeit, die Blumenvase zu stützen, daß sie nicht fiel. Denken Sie auch daran, daß Sie oft ein Menschenleben in wenigen Minuten oder Sekunden geträumt haben.

Die Zeit ist, vom Physischen gelöst, eben ein relativer Begriff, der Raum ein aufgelöster für den feinstofflichen Körper, wie auch der Schlaf das Wachen bedeutet und der Tod die Geburt ins Geistige. Je mehr davon wieder erlebt wird, je mehr diese eigentliche geistige Heimat des Menschen als Tatsache wieder empfunden wird, um so eher kann aus diesem Chaos eine Kultur gefunden werden. Nur diese Wege, die ins Geistige führen, vermögen uns heute auf dem Kulminationspunkt der Weltgeschichte Richtung und Halt zu geben. Diese Wege zu suchen, ist Aufgabe jeder Einweihung, und man soll darum diese Wege nur betreten in jener Gesinnung, von der Dante, vom Berge der Läuterung kommend, an der Schwelle des Paradieses die Worte ausspricht:

„Und rein in meines Wesens tiefstem Kerne
bereitet war ich für die Welt der Sterne."

MAGIE DES MITTELALTERS UND DER NIEDEREN VÖLKERSCHAFTEN

Nachdem ich Ihnen, wenn auch nur im Rahmen einer gewissen Gesinnung und mit den Mitteln einer vorerst noch ungewohnten Denkweise, einen flüchtigen Begriff von der Einweihung und der höheren Esoterik gegeben habe, möchte ich heute nun wieder realeres Gebiet im Sinne der heutigen Wissenschaft betreten und Sie bekannt machen mit der sogenannten niederen Magie, zu der der größte Teil dessen gehört, was sich heute mit den Forschungen moderner Gelehrter berührt. Niedere Magie ist nicht nur retrospektiv von Interesse, nicht nur als ein Rückblick auf das Mittelalter oder ähnliche Erscheinungen des Altertums, nicht nur ein Gebiet, das wir bei niederen Völkerschaften der Gegenwart einer Untersuchung für wert halten, sondern niedere Magie spielt auch im heutigen Leben des Europäers, und mag er noch so aufgeklärt und gebildet sein, eine größere Rolle, als man anzunehmen gewohnt ist. Sie ist, leider, auch heute von wesentlicher praktischer Bedeutung, und man sollte schon etwas kennen, was in so vielen, allzuoft übersehenen Fäden in das tägliche Leben mehr oder weniger unheilvoll hineinspielt.

Die höhere Esoterik führt den Menschen, der dazu vorbereitet ist, ein in die übersinnliche Welt. Die niedere Magie, um sie einmal im wesentlichen zu kennzeichnen, erstrebt dasselbe, aber ohne jene der Einweihung eigene moralische und intellektuelle Vorbereitung. Nun wird man sich mit Recht gegen die Annahme sträuben, daß der heutige Mensch noch so empfänglich sei für allerlei abergläubische Mystik, wie beispielsweise der Mensch des Mittelalters. Um hierin klar zu sehen, muß man sich die Artung des Menschen im Mittelalter vor Augen halten. Der Mensch war damals der übersinnlichen Welt sehr viel näher, er stand in regerem Konnex mit ihr, aber diese Verbindung war in eine Korruption hineingeraten, die auch die Mystik in eine gleiche Korruption hineinzuziehen drohte. Um einen solchen Niedergang rechtzeitig abzuwenden, trat der Rationalismus in Erscheinung, der jene Gebiete geistiger Wahrnehmung leugnete und die Menschheit zeitweilig gleichsam ganz vom Erleben dieser Dinge abschnitt. So hatte eine an sich natürliche, aber allmählich erkrankte Seite des Menschen Zeit auszuheilen, freilich um den Preis, daß eine Wahrnehmung, die man einmal besaß, vergessen und von einer anderen verdrängt wurde, die nach Erfüllung dieser Aufgabe auch ihrerseits sehr merkliche Fehler aufzuweisen begann. Dem Rationalismus folgte der Materialismus unserer heutigen Zeit, insbesondere der letzten Jahrzehnte, und führte in eine Einseitigkeit anderer Richtung hinein, die mindestens die gleichen Gefahren in sich birgt, wie seinerzeit die Korruption der Mystik. Fanatisch aber wäre es, darum den Materialismus zu schmähen, denn er war notwendig und mußte diese ihm eigentümliche, in der Menschheitsentwicklung begründete Aufgabe erfüllen. Es mußte eben eine Weile lang die eine Hand geübt werden, weil die andere erkrankt und ruhebedürftig war. Stets vollzieht sich die Evolution nach einer Seite auf Kosten einer anderen, und erst allmählich kann und muß dann ein harmonischer Ausgleich beider Teile gefunden werden. Wer sich ganz der analytischen Denkweise hingibt, wie der heutige gebildete Europäer, muß notwendigerweise dafür gewisse Instinkte hergeben, die er im Naturleben behalten hätte und in denen ihm der heutige Wilde weit überlegen ist. Ähnlich ist das Verhältnis zwischen Rationalismus und Mystik. Ich möchte auch immer wieder betonen, daß beide Denkweisen, richtig genommen, sich keineswegs ausschließen. Nichts im ganzen Okkultismus steht irgendwie in Widerspruch mit den wirklichen Ergebnissen moderner wissenschaftlicher Forschung. Im Widerspruch mit der Mystik und im Widerspruch mit den Tatsachen steht die Wissenschaft erst dann, wenn sie ihr rein physisches Forschungsgebiet als alleiniges betrachtet und Folgerungen zieht, die niemals richtig sein können, weil sie nur die an sich richtigen Tatsachen der einen Hemisphäre annimmt, die andere Hemisphäre aber leugnet. Es liegt auf der Hand, daß jede Folgerung dieser Art notwendig falsch sein muß, die mit solcher Halbkreiseinstellung, mag diese auch noch so genau erforscht und belegt sein, einen Kreis schildern oder beurteilen will.

Es gilt heute eben, wieder einzusehen, daß wir, bereichert mit einem größeren Horizont rein physischer Forschung, uns wieder zuwenden müssen den geistigen Welten, deren Bürger wir in gleicher Weise sind. Auch hier muß man sich völlig unfanatisch einstellen, ebenso frei vom mystischen wie vom materialistischen Vorurteil. Ohne weiteres wird man zugeben müssen, daß zum Beispiel eine alte Kultur niemals so genau die Rinde eines Baumes untersucht und gekannt hat, wie die heutige Wissenschaft — aber ebenso klar muß man sich darüber sein, daß die heutige Wissenschaft dafür sehr viel weniger weiß von den Kräften, die in einem Baume leben, die ihm erst Wachstum und Lebenskraft geben, als frühere alte Hochkulturen gewußt haben.

Ich möchte nun die einzelnen Gebiete der sogenannten niederen Magie im wesentlichen besprechen, um Ihnen ein Gesamtbild zu geben, aus dessen einzelnen Farben und Strichen Sie sich in jeder Lebenslage und in verschiedener Nutzanwendung ein eigenes Urteil bilden können. Auch in der niederen Magie steht, wie ich schon sagte, gleich wie in der höheren, das Freiwerden vom Leibe, das Verlassen des Körpers in einer feinstofflicheren Form im Vordergrunde des Geschehens. Man pflegt diese Freiwerdung, diese Entäußerung aus dem physischen Körper heraus, in der Magie mit dem Ausdruck der Exteriorisation zu kennzeichnen. Ich will Ihnen zur Verbildlichung eines solchen Vorganges ein besonders interessantes und beglaubigtes Beispiel einer Exteriorisation im Sinne niederer Magie mitteilen, und zwar eines aus dem Bereich lappländischer Kultur, in der heute noch, bei deren abgeschlossenem Wesen begreiflich, ein reges Zauberwesen üblich ist. Es ist dies eines der bestbeglaubigten Experimente aus der neueren Zeit, das der Erzbischof von Upsala Friedrich Wilhelm IV. von Preußen als persönliches Erlebnis geschildert hat. Es war damals in Schweden bekannt, daß in Lappmarken das wüsteste Zauberwesen herrsche, und die kirchlichen Kreise beschlossen, diesem ihrer Meinung nach anstößigen und unsinnigen Treiben ein

Ende zu machen. Und zwar wurde der Erzbischof von Upsala selber in Begleitung eines Arztes und eines höheren Beamten nach Lappmarken gesandt. Bei dem gänzlichen Mangel anderer Unterkunft in diesen einsamen Gegenden stiegen sie bei einem reichen Lappen Peter Lärdal ab, der im Rufe der schlimmsten Zauberkünste stand. Der Erzbischof nahm Gelegenheit, Lärdal über das Zauberunwesen auszufragen und erhielt zur Antwort, daß sein Gastgeber völlig unterrichtet war über die eigentlichen Absichten der schwedischen Kommission. Gleichzeitig erbot sich Lärdal mit der freundlichen Überlegenheit, die diese Menschen sehr mit Recht den akademischen Überklugen gegenüber zeigen, den Erzbischof und seine Begleiter davon zu überzeugen, daß er imstande wäre, seinen Geist, wie er es nannte, beliebig auszusenden. Er stellte jedoch die Bedingung, daß niemand seinen zurückbleibenden Körper berühren dürfe, was man, beiläufig gesagt, auch bei allen Medien in Trance vermeiden sollte, da die Lockerung oder Trennung des feinstofflichen Körpers vom physischen Leibe in diesem eine andere Beschaffenheit herstellt, deren Unkenntnis ihm wesentlichen Schaden in gesundheitlicher Hinsicht zufügen kann. Lärdal verbrannte eine Art Räucherwerk über einer Pfanne glühender Kohlen, sog den narkotischen Rauch ein und versank in einen kataleptischen Zustand. Herstellung einer solchen Katalepsie, eines Starrkrampfes, ist auch Zweck der Übungen der sogenannten tanzenden Derwische und ähnlicher Vertreter der niederen Magie. Er soll annähernd eine Stunde in diesem leichenähnlichen Zustand verharrt haben, und bei seiner Rückkehr ins leibliche Bewußtsein hat er dem

Erzbischof, der den Auftrag erteilt hatte, ihm zu sagen, was seine Frau zu dieser Stunde tue, eine genaue Schilderung der bischöflichen Wohnung gegeben. Er hat ihm ferner gesagt, daß seine Frau in der Küche gewesen sei und ihren Trauring beiseite gelegt habe, da sie im Begriff war, eine Mehlspeise zu bereiten, bei der ihr der Ring am Finger hinderlich war. Er, Lärdal, habe, um einen wirklichen Beweis seines Dortseins zu erbringen und die Vermutung lediglichen Hellsehens auszuschalten, den Ring genommen und im Kohlenkorb versteckt. Der Erzbischof schrieb seiner Frau und bekam alle Angaben Lärdals genau bestätigt. Die Frau schrieb ihm, ihr sei der betreffende Tag, der 28. Mai, deswegen unvergeßlich, weil sie ihren Trauring verloren, den sie, um bequemer arbeiten zu können, beiseite getan habe. Wahrscheinlich habe ihn ein Mann entwendet, der in der Kleidung der wohlhabenden Bewohner der Lappmarken einen Augenblick in der Küche aufgetaucht sei, der aber, um sein Begehren gefragt, sich schleunig wieder entfernt habe (Kiesewetter, Geschichte des Okkultismus, II).

Es ist dies nur eines der vielen Beispiele der Exteriorisation, die bekannt geworden sind, und ich habe es hauptsächlich deswegen herausgegriffen, weil es neueren Datums, vorzüglich beglaubigt und vor allem darum bemerkenswert ist, weil es ein willkürliches Aussenden des feinstofflichen Körpers darstellt, kein unbewußtes oder halbbewußtes, wie es oft im Doppelgängertum vorkommt, — ferner, weil der feinstoffliche Körper sich hier gleich wieder soweit materialisiert, also verfestigt hat, um einen Ring greifen zu können, und weil er sich mit allen Kennzeichen der charakteristischen Kleidung seines Trägers gezeigt hat. Auch in der indischen und der christlichen Mystik sind solche Exteriorisationen bekannt und oft, wenn auch bei weitem nicht immer, mag dieser Vorgang zur Erklärung der Erscheinungen Lebender dienen, die sich auf große Entfernungen plötzlich ihren Angehörigen zeigen. In den meisten Fällen wird es sich bei solchen Manifestationen Lebender oder Verstorbener wohl um Gedankenwirkung und ihre plastischen Fähigkeiten handeln. Oft aber ist es auch wirkliche Anwesenheit des betreffenden Lebenden oder Toten in seinem feinstofflichen Körper, während der physische Leib schlafend oder als Leiche zurückgeblieben ist. Dieser feine sogenannte Astralleib des Menschen ist nicht sein einziger feinstofflicher Körper. Er hat auch einen anderen sogenannten Ätherleib (ich nenne die in Europa, nicht die in Indien üblichen Bezeichnungen), der Träger seiner rein pflanzlichen Kräfte ist und der, im Schlafe den Körper als Pflanze erhaltend, im Tode den Körper verläßt und ihn dem Zerfall anheimstellt. Für die meisten hier benötigten Erklärungen habe ich jedoch nur den sogenannten Astralleib heranzuziehen, und ihn meine ich, wenn ich von der Feinstofflichkeit des Menschen spreche. Die genaue Gliederung des Menschen nach diesem esoterischen System ist übrigens, durchaus der indischen Überlieferung entsprechend, in Rudolf Steiners „Theosophie" zu finden. Man kann wohl sagen, daß alle esoterischen Überlieferungen und Systeme mit diesen Grundlagen übereinstimmen.

Es gibt auch heute Menschen, die willkürlich eine Exteriorisation mit sich vornehmen können — ganz abgesehen davon, daß ja der Vorgang der Einweihung, wie ich Ihnen bereits erklärte, ebenfalls darauf beruht, den physischen Leib im feinstofflichen bewußt zu verlassen. Freilich ist damit nicht gesagt, daß dann dieser Vorgang stets wieder beliebig und willkürlich wiederholt werden kann. Ich erwähnte schon, daß die deutsche Volkssage von der roten und weißen Maus darauf hinweist, wie gut das Volk früher über diese Dinge Bescheid wußte, und daß es das Verlassen des physischen Körpers in einer feinstofflichen Form kannte. Bezeichnend für die genaue Kenntnis des Volkes ist auch der Umstand, daß die Sage die Maus zum Munde ein- und ausgehen läßt. Dem Hellsichtigen ist es nämlich bekannt, daß der Astralleib des Menschen im Schlafe sowohl als im Tode sich so zusammenzieht, daß er den Körper des Menschen in der Gegend des Kopfes verläßt und beim Wiedererwachen wieder berührt.

Gleichfalls in dies Gebiet gehört das Märchen von den zertanzten Schuhen, das an die Hexenritte erinnert, die nun auch, wie alle früher unverstandene Kulturgeschichte, eine ganz neue Beleuchtung erfahren. Gerade über dies mißverstandene Problem des Hexenwesens will ich Ihnen noch einige erläuternde Worte sagen, die Ihnen einige neue Gesichtspunkte eröffnen und den Umfang der sogenannten niederen Magie wesentlich erweitern werden. Auch im Hexenwesen spielte die Exteriorisation die Hauptrolle. Was die Hexensalben anstrebten, war in erster Linie ein Verlassen des physischen Körpers im feinstofflichen zum Zwecke der Befriedigung irgendwelcher niederer, meist sexuell gefärbter Begierden, wie sie auf diesem Schwellengebiet des Sinnlich-

Übersinnlichen vor dem Eintritt in höhere Welten auch durch allerlei Narcotica, wie Opium, Kokain usw. erzielt werden. Die Hexensalben, deren Rezepte genau bekannt sind und sich mit ähnlichen Präparaten des Altertums vergleichen lassen, bewirkten eine Trennung, zum mindesten aber eine Lockerung des grobstofflichen und feinstofflichen Körpers bis zu jenem Schwellenbewußtsein, das niedere Begierden noch auskosten läßt. Manchen, die heute dem Opiumrauchen oder [verwandten Lastern verfallen sind, kommt es vielleicht auch nicht darauf an, sondern nur auf das Gefühl des Befreitseins vom Körper, von der Schwere des rein Physischen. Jeder, der die bescheidenste Stufe einer Einweihung erreicht hat, weiß, daß diese Empfindung eine Glückseligkeit in sich schließt, die sich mit keinem noch so raffinierten Genuß sinnlicher Empfindung vergleichen läßt. Beim Hexenwesen freilich wurde durchaus ein niederer Genuß angestrebt, zu dem die Feinstofflichkeit oder die Lockerung der Körper lediglich eine Brücke bilden sollte, ohne die diese oft sehr armen Menschen niemals sich solchen Genüssen hätten hingeben können. Es liegt hier eine Korruption der Mystik vor, wie sie, wenn auch in anderer Weise, auch die dekadenten Zeiten der alten Hochkulturen gekannt haben. Ich will darauf verzichten, Ihnen die Ingredienzien der Hexensalben zu nennen, will nur erwähnen, daß sie meist neben allerlei unsinnigem Zeug, das lediglich der Einbildungskraft diente, die gleichen wichtigen Bestandteile enthielten.

Ähnliche Wirkungen wie die Hexensalbe hatten und haben noch heute die Räucherungen gewisser niederer Völkerschaften, die auch darauf ausgehen, das Grobstoffliche vom Feinstofflichen zu lockern zum Zwecke der Befriedigung irgendwelcher persönlicher Begierden oder Wünsche. Hier ist bereits die Grenze der schwarzen Magie beschritten, wenn sie sich in diesen Fällen auch in erster Linie auf eigene Schädigung, nicht auf die Fremder stützt. Nicht unerwähnt will ich als heutige Parallele der Hexensalben lassen, daß die Lappen, Kamtschadalen und Tungusen zum Zwecke ihrer Ekstasen eine Art Fliegenschwamm benutzen, dessen Genuß die gewünschte Wirkung herbeiführt. Der nach Sibirien verbannte General Kopec berichtet darüber in seinen Memoiren, daß ihn ein Schamane mit diesen Eigenschaften des Schwammes bekannt gemacht habe. Kopec, der zum ersten Male aus begreiflicher Vorsicht nur die Hälfte des Schwammes aß, sah die üblichen sexuell gefärbten Visionen des Opiumrausches. Beim zweiten Versuch jedoch, bei dem er einen ganzen Pilz verzehrte und in einen vierundzwanzigstündigen Schlaf verfiel, erlebte er schon einen realen Eintritt in ein höheres Gebiet der geistigen Welt. Er schreibt darüber: „Je n'ose dire tout ce que je vis dans mes rêves: tout le passé et l'avenir se sont devoilés devant moi; j'ai tout vu, les hommes, les événements, tout, jour pour jour, année pour année" (La Pologne, Paris 1841, Cahier 7, pag. 433, aus „Kiesewetters Geschichte des Okkultismus", II). In diesem Falle ist die Schwelle überschritten, und die Zukunft, die dem Übersinnlichen als Zeitlosem frei vor Augen steht, ist enthüllt. Auch dieser Zweck wurde bewußt mit solchen niedermagischen Mitteln verfolgt, besonders von Priestern und Zauberern, um, ohne eine eigentliche Hellsichtigkeit moralisch oder geistig zu erwerben, ihrer Resultate teilhaft zu werden.

Über das eigentliche Hellsehen als wichtigsten Eintrittspunkt ins Übersinnliche behalte ich mir einen besonderen Vortrag vor und habe hier nur im Zusammenhang mit den Hexensalben und Räucherwerken auch auf diese Wirkung hingewiesen. Festhalten müssen wir aber durchaus, daß die meisten Hexenmanipulationen nur die niederen Schwellen erstrebten und auch nur diese erreichten. Es wäre nun falsch, anzunehmen, daß die Menschen im Mittelalter moralisch soviel tiefer stehend gewesen wären, als die heutigen. Ich glaube beinahe, daß das Gegenteil der Fall ist. Diese Erscheinungen sind weniger ein Bild moralischer Korruption an sich, sondern ein Zeichen mystischer Korruption, die dann die moralische zur notwendigen Folge hatte. Vergessen wir dabei auch nicht, daß diese seelischen Prozesse in eminentem Maße ansteckend waren, daß viele davon ergriffen wurden, deren einziger Fehler eine gewisse Schwäche, eine allzugroße Sensibilität des Nervensystems, der seelischen Empfindungswelt war, die aber weder moralisch noch mystisch eigentlich als korrupt anzusehen waren. Darum spielt auch die Verführung im Hexenwesen eine so unheilvolle Rolle, wie fast auf allen Gebieten, in denen es sich um niederste Sexualität handelt. Als bekanntes Beispiel solcher seelischen Ansteckung darf ich vielleicht auf die Konvulsionäre hinweisen, die gegen 1550 an verschiedenen Punkten Europas geradezu Epidemien der Wahnbesessenheit zeitigten, allerdings in anderer Art, die mehr den zahlreichen Erscheinungen an unseren heutigen Medien ähneln.

73

Die Hexen verloren in ihrer Ekstase, wie ich schon einmal ausführte, erheblich an Gewicht, genau wie unsere Medien im Trancezustand, was zur Einführung der Hexenwage führte, deren blödsinniger Gebrauch ihren vernünftigen Urgrund nicht wegzutäuschen vermag. Noch auf eine sehr wichtige Erscheinung will ich Sie hinweisen: die Hexen waren fast alle schmerzunempfindlich, also anästhetisch, genau wie die meisten Verbrecher, wie viele Medien oder Hypnotisierte. Ohne die Gemeinheit der Folter irgendwie zu beschönigen, muß man doch einräumen, daß sie, unsinnig gebraucht, doch unter anderem den Sinn haben sollte, festzustellen, ob der Delinquent schmerzempfindlich war oder nicht. Ein großer Teil der Hexen ist, wie alle sehr medialen Personen, jedenfalls bis zu einem hohen Grade anästhetisch gewesen. Ein anderer Teil, der, gesünder, aber durch Verführung jenen Experimenten verfallen, nicht unempfindlich war, schützte sich dadurch, daß er, wie man es nannte, das „Zeichen des teuflischen Buhlen" in den Haaren trug. Daher stammt die Sitte, den Hexen vor der Folter die Haare zu scheren oder jedenfalls dann, wenn die Folter sich als ergebnislos erwies. Nun werden Sie fragen, wie dieses Zeichen, das nichts als ein gewöhnlicher Zettel, ein Amulett, war, Schmerzunempfindlichkeit bewirken konnte? Auch hierfür ist die Erklärung verhältnismäßig einfach. Du Prel berichtet in seinen Werken zahlreiche Beispiele, in denen erwiesen wird, daß das alleinige Vorherrschen einer einzigen Idee im Menschen vorübergehend alle anderen Empfindungen und Gedanken auszulöschen vermag. Dieses Vorherrschen einer Idee, dieser Monoideismus, läßt sich ja auch für viele nichtmagische Vorgänge geltend machen. Es ist zum Beispiel oft beobachtet worden, daß Kranke, die nicht gehen konnten, die gelähmt waren, im Augenblick einer Feuersbrunst, eines Alarms oder einer Panik, plötzlich, wenn auch nur bis zur Auslösung der seelischen Hochspannung, also des Monoideismus, ihre Bewegungsfähigkeit wiedererlangten. Ein ähnlicher Monoideismus läßt sich begreifen, wenn jemand in Angst um eine ihm nahestehende Person Dinge vollführt, die er sonst kaum zu leisten imstande wäre. Es handelt sich hier, richtig verstanden, nicht um Energie, sondern um eine Augenblicksleistung, mindestens eine zeitlich begrenzte. Viele Taten moralischen oder physischen Mutes sind, wenn nicht monoideistisch, so doch monoideistisch unterstützt. Die Hexen glaubten nun so fest an die Schutzwirkung dieser Amulette, daß ihr eigener Monoideismus sie autosuggestiv anästhetisch machte.

Es ist natürlich gleichgültig, ob solch ein Monoideismus mit äußeren Hilfsmitteln oder nur mit Vorstellungen allein erzielt wird, denn die äußeren Mittel dienen in diesem Falle zu nichts anderem, als die Vorstellungskraft zu verstärken oder anzuregen. Von solcher Anregung monoideistischer Art berichtet du Prel, indem er zum Beispiel das willkürliche Herbeiführen gewünschter Träume schildert. Ich will nicht verfehlen, eindringlich vor allen solchen Experimenten zu warnen, die nur zur Zerrüttung der seelischen und körperlichen Gesundheit führen. Unsere heutige Modemystik, die sich in Cafés und Gesellschaften, wie auch in Kunst und Literatur, breitmacht, ist freilich nicht allzu gefährlich, weil sie von einer geradezu stupenden Unwissenheit ist. Zur moralischen Korruption

genügt sie allerdings. Sehr viel wesentlicher sind die Gefahren im Orient und bei den niederen Völkerschaften,
und hier kann der Europäer sehr leicht in Versuchung
geraten, seine Neugierde zu befriedigen. Ich kann auch
davon nur dringend abraten. Abgesehen von der seelischen Zerrüttung oder der Hilflosigkeit, die ein charakterlich und intellektuell unvorbereitetes Betreten übersinnlicher Schwellengebiete nach sich zieht, müssen Sie
auch bedenken, welch ein stofflicher Unterschied zwischen dem Körper des Europäers und des Orientalen
besteht. Der Europäer ist viel fester irdisch verkettet
durch Fleisch- und Alkoholgenuß als der vegetarisch
lebende Orientale, dessen Leib weit pflanzlicher, flexibler
ist. Auch wenn man, wie ich es getan habe, jahrelang
vegetarisch und ohne jeden Alkoholgenuß lebt, hat man
doch mit der erblichen Belastung von Generationen zu
rechnen, die ihr Leben grobstofflich verbrachten. Schon
bei der Lockerung der Körper, erst recht aber bei der
Exteriorisation, die mechanisch herbeigeführt wird, ist
es doch gewiß ein einleuchtender Unterschied, welche
Festigkeitsgrade da getrennt oder gelockert werden sollen. Man wird jemand leicht und ohne Schaden ein
Hemd abreißen können, nicht aber ohne schwere Ver-
letzungen eine eiserne Rüstung.

Die niedere Magie des Orients und der niederen Völkerschaften hat aber fast die gleichen Bestrebungen wie
die korrupte Mystik des Mittelalters, auch sie versucht,
in die übersinnliche Welt einzutreten ohne Charakterschulung, ohne geistige und moralische Vorbereitung,
ohne jene sogenannten Proben, die sonst einen Ein-
weihungsweg begleiten — lediglich zur Befriedigung

irgendwelcher Begierden oder Wünsche, wenn auch vielleicht nur der Neugier. Auch in der ganzen niederen orientalischen Magie steht die Exteriorisation oder wenigstens die Lockerung der Körper des Grobstofflichen und Feinstofflichen bis zu einem Schwellenbewußtsein zwischen Sinnlichem und Übersinnlichem im Vordergrunde. Auf solcher Grundlage lassen sich auch die meisten Leistungen der Fakire und Derwische erklären. Auch hier wird ein Monoideismus zur Geltung gebracht oder Anwendungen, die ihm ähnlich sind.

Ein zweiter Zweck niederer Magie, heute wie im Mittelalter' gebräuchlich, ist die Erforschung der Zukunft, die Wahrsagekunst in ihren verschiedensten Formen. Ich nenne hier als bekannteste Beispiele: das Kartenschlagen, die Handlesekunst oder Chiromantie, die Daktylomantie oder das Wahrsagen aus Ringen, in dem sich Lichthypnose und Talismancharakter vereinigt zeigen, ferner in einer Gruppe, als auf Autosuggestion bis zur Trance durch einen glänzenden Gegenstand beruhend: die Katoptromantie (Spiegelmantik), die Hydromantie (Wahrsagen aus dem Wasser), die Kristallomantie (Wahrsagen aus dem Kristall). Alle diese Versuche bezwecken Eintritt der Hellsichtigkeit, und ich werde sie bei Behandlung des Hellsehens erläutern. In erster Linie beruhen auch die anderen Wahrsagekünste, wie die der Auguren durch Wahrsagen aus den Leibern geschlachteter Tiere, auf gleicher Grundlage. Sie alle dienen als Anregung zur Herbeiführung hellsichtigen Schauens. Eine Ausnahme bilden nur die Formen, die, wie die Kleromantie oder Loswahrsagung, die Zukunft durch Anrufung höherer Mächte zu erforschen suchten.

Eine dritte Gattung niederer Magie ist die Totenbeschwörung, die ich bei Erklärung des Spiritismus berühren werde.

Die vierte Hauptform, das eigentliche Behexen fremder Personen, besonders im Mittelalter verbreitet, gehört aber durchaus noch in den Rahmen unserer heutigen Betrachtung und ist in erster Linie monoideistisch zu erklären. Nur tritt hier zum monoideistischen Moment als aussendendem Faktor die hochgradige mediale Empfänglichkeit der Empfangspersonen. Ich habe ja aber schon darauf hingewiesen, daß der unerschütterliche Glaube des Mittelalters an solche Wirkungen eine gewaltige fernsuggestive Kraft bedeutete, wie anderseits die ständige Furcht vor solchen Wirkungen die von dieser Furcht befallenen Personen allein schon dadurch oft zu hyperästhetischen Medien machte, ganz abgesehen von ihrer den Medien meist sehr verwandten Nervenveranlagung. Freilich haben auch sehr robuste Kraftnaturen schwer unter dem Behexen gelitten, wie zum Beispiel August der Starke unter den Hexenkünsten der Gräfin Neidschütz. Das Behexen wurde meist in der Form vorgenommen, daß man sich aus Wachs oder einer ähnlichen Substanz ein Abbild der zu behexenden Person machte, in das Teile von deren Körper, Haare, Fingernägelabschnitte und dergleichen verschmolzen wurden. Dieses Abbild peinigte man, hielt es über das Feuer, stach es mit Nadeln oder suchte es mit gewissen suggestiv wirkenden Gedanken bei sich zu tragen. Zum Moment des Monoideismus einerseits und dem der Hyperästhesie anderseits, die ja beide Gedanken- und Gefühlsübertragung in stärkstem Maße ermöglichen,

78

trat hier noch das offenbar auf odisch-magnetischen Strömungen beruhende Moment der Sympathie hinzu, das in der alten und zum Teil auch in der heutigen Volksheilkunde eine teils sehr überflüssige, teils aber sehr verkannte Rolle spielt. Die Gegenwart nimmt auch diese Impulse allmählich wieder auf, und man kann wohl sagen, daß in ihnen eine Fülle von Anregung für wirklich denkende Ärzte und vorurteilslose Naturwissenschaftler liegt.

Die Tendenz der Sympathie, im Behexen schwarzmagisch, in der Heilkunde weißmagisch verwandt, besteht darin, daß man eine gewisse Substanz, eine Pflanze oder einen Gegenstand mit einer Person durch magnetische Berührung, durch magnetischen Rapport, durch Einverleibung von Körperteilen verbindet und die zunehmende Kraft oder umgekehrt den Zerfall auf den Menschen überträgt. Es ist oft beobachtet worden, daß jemand erkrankt, wenn man einen mit ihm gedanklich oder magnetisch verbundenen Baum fällt, daß Krankheiten vergehen, wenn Gegenstände, die mit den kranken Stellen in magnetische Berührung gelangten, in Zersetzung übergehen. Das sogenannte Besprechen beruht auf diesem Prinzip. Diese Vorgänge hängen mehr mit dem feinstofflichen pflanzlichen, dem sogenannten Ätherkörper zusammen, als mit dem feinstofflichen seelischen, dem Astralkörper. In ihren allerdings vorhandenen Monoideismus mischen sich sehr merklich magnetische Wirkungen und Gegenwirkungen kosmischer Kräfte ein, und eine solche Stellungnahme dürfte auch für die ganze Heilweise des Altertums, für die Wünschelrute oder das siderische Pendel, die Quellenfinder und

79

andere, heute wieder mit Interesse aufgenommene Probleme zutreffen.

Rein monoideistisch aber sind die Liebestränke, das Auffinden der Schuldigen, das bei den niederen Stämmen Afrikas geübt wird (sofern nicht Hellsichtigkeit vorliegt), und rein monoideistisch sind die Ordalien oder Gottesgerichte, aus deren einstmaligem Sinn sich der Widersinn der Duelle entwickelt hat. Früher, besonders im Altertum, war man so tief durchdrungen von der sofort eingreifenden göttlichen Gerechtigkeit, ohne das Evolutionsgesetz späterer Kulturen, daß man überzeugt war, die betreffende Gottheit werde stets den Schuldigen unterliegen lassen. Das lähmte den schuldigen Kämpfer derart, daß er auch einem schwachen Gegner meist unterlegen sein wird. Das Beschreiten glühender Pflugscharen, das Tauchen der Arme in siedendes Öl oder Wasser, das zum Beweise der Unschuld als Gottesgericht noch im Mittelalter sehr häufig von Ehebrecherinnen verlangt wurde, beruht auf der gleichen Voraussetzung. Auch hier ist häufig Anästhesie und Unverletzbarkeit durch Monoideismus eingetreten, durch die allein herrschende Idee von der eigenen Unschuld.

Der sogenannte magnetische Strich, der Bannstrich, der durch einen Raum, durch ein Zimmer gezogen wird, ist aber eine magnetisch hergestellte Realität, die von jedem Medium, das heißt von jeder hyperästhetischen Person, ohne jeden Monoideismus, ja ohne jede Ahnung seines Vorhandenseins beachtet und als Hindernis empfunden wird. Unmonoideistisch, verwandt mit der Wünschelrute, ist auch das alte Schatzgraben, das Auffinden von Metallen, das heute in veränderter Form wieder aufgenommen worden ist. Dagegen sind die Talismane, die Amulette, ein Kapitel für sich. Sie können subjektive Wirkung haben, wie wir bei den Hexen sahen, sie beruhen aber anderseits auch auf objektiven Tatsächlichkeiten, die, feinstofflich betrachtet, gewissen Metallen, Steinen und ähnlichen Dingen eigen sind. Ich erwähnte schon, daß hyperästhetische Personen, wie die Seherin von Prevorst, alle Metalle oder Steine erfühlen können, ohne sie zu sehen, daß also diese Dinge eine nur ihnen eigene Sonderart besitzen, die natürlich verschieden wirken kann und verschieden wirken wird, je nach Veranlagung der Nerven des Einzelnen oder seines feinstofflichen Körpers. Hinzu tritt hier aber auch das subjektive Moment in einem sehr hohen Grade und zwar keineswegs nur in dem uns bekannten rein monoideistisch-autosuggestiven Sinne der Hexenamulette. Ein Hellseher kann, wie ich schon erwähnte, an einem ihm gegebenen Gegenstande nicht nur dessen physische Beschaffenheit heraussehen oder fühlen, er macht auch über Aussehen und Schicksal der mit dem Schmuck, dem Metall, dem Stein in Beziehung stehenden Person genaue Angaben. Ich selbst habe das oft bei Hellsehern und mit stets sicherem Erfolge versucht. Daraus ergibt sich, daß tatsächlich jedem Gegenstand etwas Persönliches anhaftet, etwas Gutes oder Schlechtes, und aus diesen Gesichtspunkten heraus lassen sich auch die sogenannten Unglückssteine, die unglückbringenden Schmuckstücke usw. erklären, für die es mehr Belege gibt, als man glaubt. Man hat nun vielfach Regeln aufgestellt, welche Steine oder Metalle Menschen tragen sollen, je nach dem Datum ihrer Geburt und anderen Maximen.

Es ist einseitig, das ohne weiteres von der Hand zu weisen, aber eine Beeinflussung des Schicksals, der Geschehnisse im großen, kann man kaum daraus ableiten. Die kosmische Abhängigkeit des Menschen ist nicht mehr die große, die sie früher einmal war, als er aus der Gruppenhaftigkeit zum Ich noch nicht erwacht war. Trotzdem bin ich der Ansicht, daß Talismane Hilfskräfte enthalten und im gegebenen Augenblick sehr merkbar in Erscheinung treten können. Ich kann darin keinem abraten und keinem zuraten. Nur bin ich der Ansicht, daß man niemals etwas tragen soll, was einem aus einem vielleicht oft gar nicht erklärbaren Grunde unsympathisch ist, selbst wenn es, künstlerisch und objektiv betrachtet, ein noch so kostbarer und schöner Schmuck ist. Als kulturgeschichtlich interessant möchte ich hier anführen, daß in der gesamten Magie der Opal durchgängig als der unglückbringendste Stein gilt vor allen anderen. Auch Heilkräfte, abwehrende oder anziehende Eigenschaften werden Steinen und anderen Dingen zugeschrieben und zwar nicht nur mit Wirkung auf den Menschen, sondern auch auf Tiere und Pflanzen.

In diesem Zusammenhang darf auch an die Heilkunde des Altertums erinnert werden, deren Korruption wir im Mittelalter vor uns haben, und bei der ich nochmals den sogenannten Tempelschlaf näher erläutern möchte. Der Kranke wurde in einen Tempel eingeschlossen, und die Träume eines hier verbrachten und durch bestimmte Tränke vertieften Schlafes sollten ihm die für ihn richtige Heilweise anzeigen. Hier ist freilich keine kosmische Kraft, keine magnetische Wirkung anzunehmen, sondern der zum Monoideismus verstärkte und in das Traumleben hinübergenommene Wunsch nach Genesung und Art der anzuwendenden Heilung. Es handelt sich also um einen monoideistisch hervorgerufenen Wahrtraum, den Ihnen eine spätere Besprechung der Träume, insbesondere der Erlebnisträume, deutlicher machen wird. Nicht zu verwechseln ist dieser Tempelschlaf, den auch die Magie der niederen Völkerschaften heute noch kennt, mit dem Einweihungsschlaf, den wir im Initiationswesen kennen lernten. Im Tempelschlaf wird nur ein Ziel erstrebt, im Einweihungsschlaf nach langer Vorbereitung das bewußte Betreten der übersinnlichen Welt im feinstofflichen Körper und das Mitnehmen dieser Erlebnisse ins Tagesbewußtsein.

Ebenso darf man die verschiedenen Manipulationen und okkulten Mittel des Altertums nicht mit denen des Mittelalters verwechseln. Bei aller Verwandtschaft stellt das Mittelalter meist den Niedergang der Mystik dar, weshalb ja auch die völlige vorläufige Beseitigung durch den Rationalismus erfolgen mußte. Was im Altertum, abgesehen von einigen auch dort deutlichen Verfalls-erscheinungen, im wesentlichen Hebung des Ichs aus dem dunklen Gruppenbewußtsein anstrebte, wie zum Beispiel Alkoholgenuß und Sexualität der frühgriechischen Mysterien, das artete zur Korruption des Ichs aus, zum Überbetonen des Ichs im schwarzmagischen Sinne. Näher steht vielleicht noch die Heilkunde des Mittelalters derjenigen des Altertums, und viele Vorurteile, mit denen sie heute betrachtet wird, stammen von der uns in der Gegenwart meist mißverständlichen Terminologie. So sind zum Beispiel die Werke des Theophrastus Paracelsus in gewissen Schlüsseln abgefaßt, die man kennen muß, und die damals dem Unberufenen das Verständnis verwehren sollten. Ich will nur anführen, daß Paracelsus unter sol und sulfur, also Salz und Schwefel, keine der heute damit bezeichneten Substanzen verstand, sondern daß es Ausdrücke der damals geübten Esoterik waren. Tatsächlich enthalten die Werke dieser viel bewunderten und viel geschmähten Persönlichkeit naturwissenschaftliche Kenntnisse der sinnlichen und übersinnlichen Welt von geradezu erstaunlichem Umfang. Ähnlich schwierig, vielleicht noch weit schwieriger ist die sogenannte „Chymische Hochzeit des Christian Rosenkreuß" von Andreä. Bei diesem Titel, der uns von selbst auf Alchymie hinweist, will ich kurz erwähnen, daß neben allen schwindelhaften Goldmacherexperimenten minderwertiger Personen, Alchymie bei vielen als etwas ganz anderes galt und als etwas ganz anderes aufzufassen ist. Genau wie in der „Chymischen Hochzeit" handelt es sich um die Verbindungsgesetze des Sinnlichen mit dem Übersinnlichen, des Menschlichen mit dem Göttlichen, also um psychische und nicht physische Vorgänge.

Sehr geläufig waren im Mittelalter bis in die neueste Zeit das Bannen der Gespenster oder der Glaube an den Succubus und Incubus, den leibhaftig erscheinenden Teufel in meist sexuellem Sinne. Über Gespenster werde ich näheres bei Erläuterung des Spiritismus sagen. Was aber den Succubus oder Incubus betrifft, so mag er entweder eine monoideistisch provozierte Vision gewesen sein oder aber, in beglaubigten Fällen, die Erscheinung eines exteriorisierten Menschen, der nur auf diese Weise dem Gegenstand seiner Neigung nahen konnte. Pro-

84

fessor Daumer nennt diese Erscheinung Lebender oder Toter das Eidolon nach dem griechischen Worte εἴδωλον (Gebilde, Schattengestalt). Der Ausdruck ist nicht besonders glücklich, da es sich eben doch um weit mehr als um ein Bild handelt, trifft die Wahrheit aber insofern, als dieser feinstoffliche Mensch, soweit er im materialisierten Sinne sichtbar wird, durchaus in Aussehen und Kleidung das Bild des irdischen Menschen ist, während der feinstoffliche Astralleib, ohne jene Materialisationstendenz, licht und durchsichtig erscheint, einem Nebel ähnlich, den das Mondlicht durchleuchtet.

Zum Schluß will ich noch einige Worte über Astrologie sagen, obwohl sie keineswegs zur niederen Magie gehört, in ihren verschiedenen Anwendungen aber sehr häufig zur niederen Magie gemacht wurde und wird. Die Tatsächlichkeit der Astrologie beruht auf genauer Kenntnis der Zusammenhänge zwischen Sternen, kosmischen Kräften und dem menschlichen Leben. Zweifellos ist sie früher eine hohe Kunst gewesen, und daß auch in der neueren Zeit nicht gerade die schlechtesten Köpfe sich eingehend damit befaßt haben, beweisen die Namen Cardanus, Kopernikus, Tycho de Brahe und Kepler, die sämtlich Horoskope gestellt haben. Mir selbst erzählte ein Astronom, daß er sich darin versucht habe und daß es ihm neben einigen totalen Fehlschlägen gelungen wäre, Horoskope zu stellen, die eine minutiöse Genauigkeit mit dem Schicksal des Betreffenden aufwiesen. Auch hierin werden eben Wissenschaftler, die Mut und geistige Freiheit genug besitzen, sich von der Schablone zu emanzipieren, allmählich alte Weisheit von neuem beleuchten. Verweisen möchte ich an dieser Stelle auch auf die neuesten, sehr interessanten Untersuchungen von Stromer von Reichenbach und Dr. Max Kemmerich über den internen und externen Parallelismus in der Weltgeschichte, der dartut, daß sich markante Ereignisse in bestimmter Folge nach einem ganz genau feststellbaren System bei den verschiedenen Völkern wiederholen. Auch diese Forschungen werfen auf die astrologischen Möglichkeiten ein völlig neues Licht. Der heutigen Astrologie stehen freilich zwei Momente sehr hinderlich im Wege: erstens hat in der Astrologie die Terminologie ebenso wie in der Alchymie und ähnlichen Schlüsselwerken häufig gewechselt oder ist absichtlich verschleiert worden. Diese Epochen muß man genau kennen, um ihre Terminologie auseinanderhalten zu können, sonst rechnet man, wie das bei den üblichen, jetzt wieder modernen Horoskopstellungen meist geschieht, mit einem verwirrenden Durcheinander von Systemen. Ferner muß man, der Evolution der Menschheit folgend, sich vor Augen halten, daß das menschliche Ich, allmählich mehr aus dem Gruppenhaften früherer Zeiten herausgewachsen, eine geringere Abhängigkeit von der es umgebenden Natur und ihren kosmischen Kräften erlangt hat. Der gleiche Gesichtspunkt wurde ja bereits geltend gemacht bei der sonstigen kosmischen Abhängigkeit des Menschen, für die ich Ihnen einige Beispiele mit gleicher Eingrenzung gab. Mehr als diese kennzeichnenden Gesichtspunkte über Astrologie zu geben, ist in einer kurzen Vortragsreihe unmöglich, da sie ein viel zu großes Gebiet umfaßt und ein Sonderstudium voraussetzt, das ja jedem, der sich dafür interessiert, unbenommen ist.

Ich habe Ihnen nun einen gewissen Überblick über

das weitverzweigte Gebiet der niederen Magie des Altertums und des Mittelalters gegeben, und Sie werden nun
wahrscheinlich denken, daß niedere Magie heute bis auf
die sogenannten unzivilisierten Völkerschaften und bis
auf einige Spielereien in Europa nicht mehr getrieben
wird. Ich muß Ihnen dagegen versichern, daß auch heute
noch die Menschen keineswegs so sehr über diesen
Dingen stehen, als sie vorgeben. Es wird heute leider
noch so zahlreich niedere Magie getrieben als je zuvor,
sicherlich aber weit mehr als zur Zeit des Rationalismus.
In Amerika gibt es ganze Schulen, die solche praktische
Magie lehren, wie man gute Geschäfte macht, wie man
andere beeinflußt, dupiert usw. Alle diese Versuche sind
moralisch meist sehr minderwertig, aber sie gehen kaum
über den Rahmen einiger magischer Kniffe hinaus, die
der „praktische" Europäer dem Orient abgelauscht und
in seine in erster Linie nur noch geschäftstüchtige Seele
verpflanzt hat. Wirklich gefährliche magische Mittel sind
aber nicht darunter, denn ihre Kenntnis setzt eben doch
mehr voraus als nur einen billigen Geschäftsinstinkt,
ein nur praktisches Gefühl dem menschlichen Leben
gegenüber. Auch die Empfänglichkeit dafür ist keineswegs mehr eine so große wie im Mittelalter und grenzt
wohl nur in ganz seltenen Fällen noch an Medialität, an
eine Hyperästhesie aus ständiger Furcht heraus. Immerhin aber können solche unlautere Kniffe schon ausreichen, sich einen Vorteil im geschäftlichen oder persönlichen Leben zu verschaffen, jedenfalls im entscheidenden Augenblick, der freilich nicht von Dauer sein wird.
Gerät solch ein Geschäftsmystiker, der etwa mit dem
beliebten Kniff operiert, seinen Partner zwischen die

Augen zu fixieren, einmal an einen, der sehr viel mehr von diesen Dingen weiß, wird er Erfahrungen machen, die ihm die Kniffe sehr schnell legen werden. Unruhe, Störungen des Befindens und ähnliche Erscheinungen, die in wichtigen Stunden allerdings viel bedeuten können, lassen sich jedoch auch mit dieser niederen europäisierten Geschäftsmagie erzielen.

Im allgemeinen kann man sich am besten ein klares Bild solcher Wirkungen machen, wenn man sich sagt, daß ein Gedanke eine Kraft ist wie ein abgesandtes Projektil. Dieses wird nun ganz verschieden wirken, je nachdem auf welches Zielfeld es aufschlägt. In Wachs schlägt eine Kugel tief ein, in Holz weniger tief, von Stein prallt sie ab, und hier tritt die Wirkung ein, daß das Geschoß auf den Schützen zurückprallt mit um so größerer Kraft, je stärker die Stoßkraft des Gedankens war und je fester und unzugänglicher das Zielfeld. Es ist in dem Sinne, besonders für Menschen, die mehr oder weniger exponiert sind, nicht ganz belanglos, ob sie im Geistigen, im Übersinnlichen Bescheid wissen oder nicht. Es ist oft recht angenehm, die Gegenmittel dieser kleinen magischen Mittelchen zu kennen und ihr ganzes Gehaben zu durchschauen. Aber auch rein geistig, rein menschlich und kulturhistorisch genommen, ist die Ausbeute gerade aus dem Gebiet der niederen Magie vielfach sehr interessant. Ich habe Ihnen in meiner kurzen Übersicht, wie von allem, auch hiervon nur Stichproben geben können. Freilich soll man niemals außer acht lassen, daß niedere Magie, im niederen Sinne gehandhabt, ins Geistige einbrechen will ohne charakterliche Vorbereitung, ohne Schulung, ohne Kenntnisse, daß hierin, zum

Unterschied von höherer Magie, eine stete Gefahr für die seelische und körperliche Gesundheit verborgen liegt. Es ist nun einmal ein bedenkliches Unterfangen, ein ganz fremdes Land ohne jede Kenntnis seiner Eigenart, seiner Vorzüge und Nachteile zu betreten und es ohne innere und äußere Ausrüstung wie ein knabenhafter Abenteurer zu durchstreifen. Mehr als auf physischem ist diese Gefahr auf psychischem Boden vorhanden — das Übersinnliche ist nicht nur Neuland für uns, sondern auch das weit größere Reich, das ungeahnte Höhen, aber auch ungeahnte Tiefen birgt. Wer aber mit der Gesinnung der höheren Magie an die niedere herangeht, wird Goethes Worte in sich aufleuchten sehen, wird vieles von dem erahnen, erfühlen und erschauen,

> „was von Menschen nicht gewußt,
> oder nicht bedacht,
> durch das Labyrinth der Brust
> wandelt bei der Nacht."

SPIRITISMUS / HYPNOSE / MEDIALES
UND KÜNSTLERISCHES SCHAFFEN
GESPENSTER UND GEISTER

Wenn man über Spiritismus spricht, ist man noch mehr als auf anderen Gebieten des Okkultismus auf äußerste Beschränkung angewiesen. Nur das Wesentlichste läßt sich hier herausgreifen, weil das Material darüber, besonders in der neueren Zeit, derart angewachsen ist, daß es sich kaum noch übersehen läßt. Das ist sehr verständlich, weil gerade der Spiritismus selbst dem ganz Unvorgebildeten und dem völlig materialistisch Denkenden eine bequeme Möglichkeit bietet, der Schwelle des Übersinnlichen in spielerischer oder, wie es seltener der Fall ist, in ernsterer Weise sich zu nähern. Auch öffentlich sind spiritistische Experimente gezeigt worden, und ebenso geschäftstüchtig hat sich ein Antispiritismus breit gemacht, der dem großen Publikum vielleicht noch willkommener ist, weil er der Eigenliebe schmeichelt und vortäuschen will, daß es nichts Übersinnliches gäbe und man also mit dem bescheidenen Verstandesdenken weit über allen Torheiten vergangener Epochen stünde. Man sieht eben gerne rätselhafte Experimente und hört ebenso gerne, daß das alles nur Schwindel sei, auf den nur Dumme hereinfallen, zu denen man natürlich keineswegs gehört. Tatsächlich liegt die Sache nun so, daß beim Spiritismus wirklich so viel geschwindelt werden kann und auch geschwindelt wird, wie auf keinem der anderen, schwieriger betretbaren Gebiete des Okkultismus — ebenso sicher aber ist auch, daß eine Anzahl sogenannter antispiritistischer Vorführungen nur dem Wunsche eines gutgläubigen Publikums zuliebe als solche dargestellt werden, de facto aber nur mit spiritistischen Mitteln, mit Hilfe eines Mediums und übersinnlicher Intelligenzen bewerkstelligt werden. Auf diesem irrtumreichsten Boden betrügt man eben die Materialisten mit der materialistischen Illusion und die Mystiker mit der mystischen. Neben diesen zahlreichen bewußten Täuschungen steht eine mindestens so große Zahl unbewußter, und man kann wohl sagen, die Fehlerquellen seien hier so große, daß erst eine besonders langwierige und exakte Forschung sie einigermaßen aufhellen und beseitigen kann. Das ist insofern unvermeidlich, als der Spiritismus fast mehr noch als jede andere Magie ein Schwellengebiet zum Übersinnlichen darstellt, denn er strebt nicht ins Geistige hinein, entwickelt sich nicht nach oben, sondern, auf möglichst physischer Basis ruhend, zieht er das Geistige ins Physische, das Übersinnliche ins Sinnliche, vergröbert also Dinge, die sehr oft eine solche Vergröberung gar nicht vertragen.

Sie müssen sich den Unterschied zwischen Spiritismus und Hellsehen ungefähr so vorstellen: Sie befinden sich im Erdgeschoß und wollen nun die Gewißheit erlangen, daß es im ersten Stockwerk ebenfalls ein Zimmer gibt und daß dieses Zimmer bewohnt und ähnlich geartet ist. Sie können nun eine Leiter aufstellen und ein kleines Loch in die Decke schlagen; durch dieses Loch strecken Sie die Hand hindurch und holen irgend einen Gegenstand herunter, der Ihnen — tatsächlich —

den Beweis der Existenz und der Bewohntheit des ersten Stockes gibt, aus dem aber Folgerungen auf die Bewohner zu ziehen mehr als fragwürdig und riskant sein wird. Das ist der Vorgang beim Spiritismus und seinen verwandten Erscheinungen. Sie können nun anderseits, wenn Ihre Kraft und Geschicklichkeit ausreicht, das Loch in der Decke so vergrößern, daß Sie den Kopf hindurchstecken und sich selbst wenigstens zum Teil in das erste Stockwerk hineinversetzen. Ein weiteres persönliches Hinaufklettern in noch weitere Stockwerke würde ungefähr dem Vorgang entsprechen, der bei höherer Entwicklung des Menschen ins Geistige hinein stattfindet. Aber auch das erste Hineinschauen in das erste Stockwerk ist immer schon unendlich viel sicherer und Folgerungen und Wahrnehmungen zugänglicher, als das Herabzerren eines beliebigen Gegenstandes nach unten. Der zweite Vorgang wäre nun dem Hellsehen ähnlich, das in die geistige Welt hinaufgeht, sich zu ihr emporentwickelt. Der Spiritismus ist also die niedrigste Wahrnehmungsmöglichkeit einer übersinnlichen Welt und damit ihre irrtumreichste.

Damit soll nichts gegen die wissenschaftliche spiritistische Forschung gesagt sein, die ja mehr oder weniger darauf angewiesen ist, die Vorgänge da zu untersuchen, wo sich nach dem Stande unserer heutigen Wissenschaft die nächste direkte Berührungsfläche mit dem physisch im groben Sinne noch Faßbaren befindet. Nur ist es ein Irrtum, Gelehrte, wie etwa Lombroso und Schrenck-Notzing für Spiritisten zu halten, weil sie als Forscher des Okkulten erst einmal dies Feld als Brückengebiet vom rein akademisch Bekannten zu bearbeiten vornahmen. Damit ist natürlich keineswegs gesagt, daß sie innerlich damit begrenzt sind, und sie werden sicherlich ohne Berechtigung von den fanatischen Anhängern des reinen Spiritismus als Führer und Apostel in Anspruch genommen. Auch hier bewahrheitet sich wieder, was ich auch bei esoterischen Forschern und Führern, auch ihrem derzeit stärksten, Rudolf Steiner, zu beobachten Gelegenheit hatte: daß die schlimmsten Feinde guter und neuer Ideen und ihrer Vertreter nicht die mehr oder minder sachlichen Gegner als die einseitigen dogmatischen Anhänger sind. So große Gefahren der Spiritismus für seelische und körperliche Gesundheit und klares Denken in seinen verschiedenen Anwendungsformen und seinen zahlreichen Irrtumsquellen bieten mag, und so sehr ich selbst davon abrate, ihn ohne ganz besondere Kenntnis und zwingende Ursache zum Studienobjekt oder gar zum zweifelhaften Eintrittstor ins Übersinnliche zu machen — eines muß man ihm gerechterweise doch immerhin lassen: nämlich, daß er eine sehr große Zahl von Menschen zur Überzeugung einer übersinnlichen Welt, eines Fortlebens nach dem Tode gebracht hat, die sonst in ihrem einseitig verbissenen Materialismus niemals sich dazu hätten bequemen können und wollen ohne diesen vergröberten, physikalischen Beweis sinnlich nicht wahrnehmbarer Wesen und Dinge, die der Spiritismus sinnlich wahrnehmbar zu machen in der Lage ist.

Daß gerade unsere neuere und neueste Zeit eine solche Fülle spiritistischer Strömungen gezeitigt hat, liegt daran, daß eben in dieser Gegenwart die rein materialistische Verstandesdenkart an Stelle der geistigen getreten ist, wenigstens zum weitaus überwiegenden Teile.

Gewiß hat auch das Altertum eine Nekromantie gekannt, eine Totenbeschwörung — ich erinnere nur an die Hexe von Endor — aber diese Fälle sind seltene, durch besondere Ursächlichkeiten herbeigeführte, wo es sich vielleicht darum handelte, einen Geist eines ganzen Volkes zu befragen. Auch im Mittelalter war die Totenbeschwörung im Vergleich zur übrigen niederen Magie durchaus im Hintergrunde; man beschwor wohl irgendwelche dunkle Geister oder Gespenster oder glaubte doch, sie zu beschwören, um Schätze zu heben, Macht zu erlangen oder sich sonstwie übersinnlicher Hilfskräfte im eigenen Interesse zu bedienen. Dieser Niederschlag ist auch in den vielen Sagen von Doktor Faust und ähnlichen Überlieferungen vorhanden. Verstorbene zu rufen aber hatte das Altertum und auch das Mittelalter eigentlich wenig Ursache, weil die Menschen der damaligen Zeit noch zum größten Teile mehr oder weniger hellsichtig waren, mehr oder weniger in einem ständigen Verkehr mit übersinnlichen Geschehnissen, Wesenheiten und damit auch den Toten standen. Erst der an sich notwendige Rationalismus hat den Schleier vor diese Welt gezogen, um die falsch sehenden Augen einer korrupten Mystik ausheilen zu lassen, die nun, gesundet, vielleicht allzu robust gesundet, jene feinere Wahrnehmungsfähigkeit wieder erwerben müssen, um schleierlos nunmehr Gesundes, Reales, nicht Krankes, Verzerrtes zu schauen. Auch das ist Evolution und nicht von heute auf morgen zu erzielen.

Somit ist es verständlich, wenn der Spiritismus heute

seine höchste Blüte erreicht hat, wenn er heute vielen vielleicht das einzige Mittel ist, sich etwas Übersinnliches zu beweisen und sich in eine wenn auch meist sehr fragliche und irrtumreiche Verbindung mit einem nahen Toten zu setzen. Anerkennen muß man stets auch bei allem Unheil, daß der praktische von Laien ausgeübte Spiritismus hervorgerufen hat, daß er vielen die erste und vielleicht zuerst nach der ganzen Sachlage einzige Brücke gewesen ist zu einer weiteren Entwicklung ins Geistige, ins höhere Esoterische hinein. So sehr ich nun aus den angezogenen Gründen durchaus ein Gegner des Spiritismus bin, soweit er nicht ganz wissenschaftlich als Forschungsfeld betrachtet wird, so muß ich ihn im Anschluß an meine Ausführungen über Nekromantie doch vor einem bei seinen Gegnern sehr beliebten Vorwurf in Schutz nehmen. Man wirft ihm nämlich allzugerne und allzu häufig vor, daß er Tote zitiere, also Verstorbene beschwöre und rufe. Es mag das hier und da gewiß vorgekommen sein, im allgemeinen aber verzichtet er auf jede Art derart bewußter Nekromantie. Er stellt lediglich die Bedingungen einer Kundgebung seitens irgendwelcher Jenseitigen her und wartet, wer sich von diesen Toten oder angeblich Toten der hergestellten Möglichkeiten bedient. Ein eigentliches Beschwören bestimmter Personen ist mir in keinem ernsthaften Falle bekannt geworden. Von den Scherzen sehe ich natürlich ab, mit denen irgend ein überzeugtes Kaffeekränzchen spiritistischer Richtung große Tote der Vergangenheit zu bemühen glaubt.

Bevor ich Ihnen die Hauptformen des Spiritismus kurz charakterisiere, will ich noch einige Worte über

Hypnose sagen. Das ist insofern nicht unnötig, als fast bei jedem Medium, also bei jeder, meist krankhaft hyper-ästhetischen Person, deren sich der Spiritismus zu seinen Experimenten bedienen muß, zum Eintritt des Trancezustandes eine Hypnose erforderlich ist, die allerdings meist sehr schnell und weit leichter als bei gesunden unmedialen Menschen vor sich geht. Ich wies schon darauf hin, daß die Wissenschaft die Hypnose noch vor gar nicht langer Zeit als Schwindel erklärte und sie vom Standpunkt der Forschung überhaupt nicht ernst nahm. Heute schiebt man ihr im Gegensatz sehr viel mehr zu, als sie zu tragen fähig ist, und schätzt sie auch noch sehr verschieden ein. Ich darf voraussetzen, daß die meisten hypnotischen Erscheinungsformen bekannt sind und will hier zu meinem Zwecke lediglich auf den Unterschied zwischen der einen fremden Willen aufzwingenden Hypnose und der ohne solchen fremden Willen, nur den eigenen Willen ausschaltenden, hinweisen. Die Aufzwingung des Willens ist ein sehr einfacher und häufiger Vorgang, in der Heilkunde öfters verwendbar, und ist kaum mehr als eine mit seelischer Kraft gestützte Gedankenübertragung. Die andere Form der Hypnose ist die für die Forschung weit wichtigere — sie setzt keinen Willen des Hypnotiseurs ein, sie lähmt lediglich den Willen der mediumistischen Person, schaltet gleichsam im Trancezustand ihr Ich aus, so daß sich fremde Wesenheiten, Gedankenwellen oder Empfindungsströmungen in ihr seßhaft machen oder zum mindesten vorübergehend wahrnehmbar eintreten können. Diese zweite Form ist die beim Spiritismus gebräuchliche, sie stellt durch das Medium lediglich eine Art pas-

96

siver Resonanz her für alle Kundgebungen, die nun frei-
willig erwartet, nur selten aber erzwungen werden sollen
und können. Ich will nicht versäumen, an dieser Stelle
vor allen hypnotischen Experimenten zu warnen. Sie
sind meist gesundheitschädlich und setzen sehr viel
Kenntnisse voraus. Eine Spielerei, eine Befriedigung
der Neugierde dürfen sie ebensowenig sein, als spiritistische Versuche. Auch abgesehen von den vielen
Fällen bewußten und sehr leicht möglichen Mißbrauchs
sind sie eine Quelle von Gefahren für den, der sich auf
diesen Gebieten nicht einigermaßen auskennt. Zum mindesten sollte man stets einen Arzt, möglichst einen Ner-
venarzt zur Stelle haben und ebenfalls eine hellsichtige
Persönlichkeit, ohne deren Hilfe ja auch die meisten
spiritistischen Ergebnisse kaum nachzuprüfen sind.
Denn neben üblichen Irrtümern, irgendwelche übersinnliche Intelligenzen mit herbeigewünschten Verstorbenen
zu identifizieren, mischen sich in dieses Forschungsfeld
noch allerlei bisher nur wenig erklärte Erscheinungen,
die aus dem Medium selbst herrühren, aus seinem Unterbewußtsein oder seinem Überbewußtsein, seinem
Nachtpol des Ichs, wie es Perty nennt, oder, freilich
wohl nur in seltenen Fällen, aus seinem lichteren Gegenpol.

Der Spiritismus weist zahlreiche Namen bekannter
akademischer Forscher auf, und ich nannte schon in
meiner Einführung, um einige Beispiele herauszugreifen,
Alfred Russel Wallace, Crookes, Rochas, du Prel, Lombroso, Flammarion, Schrenck-Notzing usw. Auf die
eigentümliche Erscheinung des Gewichtsverlustes der
Medien im Trancezustand machte ich Sie gelegentlich

meiner Erläuterung der Hexenwage aufmerksam. Diese und ähnliche Merkwürdigkeiten, die manch neues Licht auch auf bisher sehr mißverstandene Seiten der Kulturgeschichte werfen, sind nun keineswegs irgendwelche Hypothesen, sondern exakt erforschte Tatsachen in eigens dafür hergerichteten Laboratorien. Sie sind festgestellt mit wissenschaftlichen Methoden, eigens dazu konstruierten, sehr kunstreichen Apparaten und sind unter eine Kontrolle gestellt, die einen Irrtum wenigstens über diesen Teil des Mediumismus ausschließen. Sehr nennenswert ist in dieser Hinsicht das Laboratorium des Berliner Physikers Fritz Grunewald, dessen erste Anfänge ich entstehen sah und über das der Forscher ein besonderes Werk veröffentlicht hat. Für Interessenten des Spiritismus möchte ich außer auf die heute noch sehr lesenswerten Werke von du Prel, die eine gute Vorbereitung bedeuten, auf die markantesten Namen der okkult-wissenschaftlichen Forschung hinweisen, auf Lombroso und Schrenck-Notzing. Lombrosos Werk „Hypnotische und spiritistische Forschungen" (deutsch im Verlag von Julius Hoffmann, Stuttgart) ist leicht verständlich und geeignet für solche Leser, die sich näher, aber ohne allzu große, schwierigere Vertiefung, über den Spiritismus und seine Forschungsmethoden orientieren wollen. Von Dr. Freiherr von Schrenck-Notzing möchte ich für diejenigen, die sich eine mühsamere und fachlich schwerere Einführung zutrauen und die sich besonders für die Materialisationsphänomene interessieren, das sehr umfangreiche Werk „Materialisationsphänomene" nennen (Verlag Ernst Reinhardt, München), das ein ungeheures Material von Sitzungen, interessanten Aufnahmen in mustergültiger Genauigkeit umfaßt. Schrenck-Notzing arbeitet überaus vorsichtig und hält auch mit seinen Folgerungen zurück. Er verweist in erster Linie auf die Tatsachen und hat sicherlich, aber meiner Ansicht nach lange nicht so häufig als er annimmt, recht, wenn er die Phänomene vorwiegend ins Gebiet einer unbewußten Eigenproduktion des Mediums verweist. Die übersinnliche Intelligenz, die natürlich nicht immer ein Verstorbener zu sein braucht, ist wohl die weitaus faßlichere und näherliegende Erklärung. Ganz abgesehen davon, daß ja überhaupt dies Feld des Unbewußten oder Überbewußten, das sich ja bei vielem noch Unerforschten nicht vermeiden läßt, eben doch nicht mehr auszudrükken imstande ist, als eine terra incognita.

Ich möchte Ihnen nun die Hauptformen des Spiritismus in kurzer und bequem übersichtlicher Weise vor Augen führen, ohne mich irgendwie in Einzelheiten zu verlieren, die hier noch mehr als wo anders durchaus dem Studium jedes Interessenten überlassen bleiben müssen. Es wird Ihnen gewiß bekannt sein, daß der Spiritismus vor Jahren, hauptsächlich in Amerika, eine Mode wurde und sehr schnell auch nach Europa übergriff, und zwar in seiner häufigsten in Laienkreisen gebräuchlichen Form, dem Tischrücken. Eine Reihe von Sitzungsteilnehmern bildet mit den Händen eine Kette und erzeugt nun durch eine mediale Kraft, die von allen gleichsam gesammelt, in den Tisch übergeht, die Möglichkeit, daß sich eine übersinnliche Intelligenz dieser Kraft im Tische bedient und Zeichen durch sie zu geben vermag. Es liegt auf der Hand, daß diese primitivste und schwer zu kontrollierende Form die meisten Irrtümer aufweisen muß und zudem reichlich durch Unsinn und Schwindel diskreditiert ist. Trotzdem bleibt bestehen, daß die Bewegungen des Tisches sich unabhängig von einer mechanischen Einwirkung der Zuschauer vollziehen können und daß durch Ausklopfen, nach einem vereinbarten Alphabet, Nachrichten und Äußerungen aus einer sinnlich nicht wahrnehmbaren Welt übermittelt werden und zwar auch in solchen Fällen, in denen die Erklärung der Gedankenübertragung auf das Medium ausgeschlossen erscheint. Beweiskräftig sind im Spiritismus natürlich nur diejenigen Kundgebungen, die von keinem der Teilnehmer gewußt und absichtlich oder unabsichtlich beeinflußt sein können. Überhaupt werden Zweifler, die in der Regel gute und ihrer Meinung nach sehr geistreiche Ratschläge zu geben lieben, wie man den ihrer Meinung nach stets vorliegenden Betrug „entlarven" könne, bei näherer Sachkenntnis die Erfahrung machen, daß die von ihnen empfohlenen Vorsichtsmaßregeln gegen Irrtum und Betrug nur den bescheidensten Teil der von den Forschern angewandten Sicherheitsmaßnahmen darstellen. Soviel Unsinn mit dem Tischrücken auch als Gesellschaftsspiel getrieben worden ist, so interessante Tatsachen hat es anderseits gefördert. Lombroso hat mit seinem berühmten Medium, Eusapia Paladino, Tische von solcher Schwere gehoben, daß die Kraft der Teilnehmer dazu allein nie ausgereicht hätte. Die Klopflaute im Tische erfolgen auch, wie ich mich selbst gelegentlich überzeugt habe, keineswegs immer so, daß sie nachgemacht, mechanisch hervorgerufen werden könnten, sondern sie erinnern an das Geräusch eines elektrischen Stromes in der Holzplatte selbst. Auch ist es erstaunlich, mit welcher Geschicklichkeit sich ein Tisch, der gehoben wurde, wieder herabsenkt, ohne auch nur einen einzigen der eng beieinandergestellten Füße der Sitzungsteilnehmer zu berühren — ein Vorgang, der sich künstlich von einem der Teilnehmer und noch dazu bei wesentlicher Verdunkelung des Zimmers keinesfalls herbeiführen läßt.

Eine andere interessante Form des Spiritismus ist die des medialen Schreibens. Hier genügt kaum noch eine beliebige Teilnehmerkette, sondern es handelt sich hier schon in der Regel um sogenannte Schreibmedien, die in einem Zustand der Trance, meist der Halbtrance, zu schreiben beginnen und auf diese Weise Botschaften übersinnlicher Intelligenzen wiederzugeben versuchen. Bei diesen Experimenten ist, wenn sie über eine Spielerei hinausgehen sollen, unerläßliche Bedingung, daß die Handschrift genau die des betreffenden Verstorbenen ist und der Vergleich mit der hinterlassenen Handschrift des Toten durch einen Graphologen die Identität ergibt. Diesen Schreibmedien verwandt sind die Malmedien, meist hyperästhetische, krankhaft veranlagte Personen, die im normalen Wachzustand kaum einen Strich richtig zeichnen können, die aber in der Trance Malereien von sehr kunstreichen, sonderbaren, oft an die Tiefseefauna erinnernden Formen und sehr leuchtenden, fast durchsichtigen Farben anfertigen. Dem Hellseher ist es nachweisbar, daß es sich hier um Gebilde der ersten Schwellenstufe übersinnlicher Welten handelt, und tatsächlich zeigen alle Malereien solcher Medien in ihrer Art eine überraschende Übereinstimmung.

Ich möchte bei dieser Gelegenheit darauf hinweisen,

daß manche neue und neueste Kunstrichtungen sich ebenfalls auf einer ähnlichen Bahn bewegen. Der Naturalismus wird abgelehnt und nun im Gegensatz zu ihm die geistige Welt wieder gesucht, aber noch nicht erreicht. So finden sich auch Wahrnehmungen des Geistigen auf seiner Schwelle, aber Wahrnehmungen, die gleichsam auf dieser Schwelle in den Nerven hängen geblieben sind. Die gleiche Erscheinung liegt bei den redenden Künsten vor, zum Beispiel beim nun glücklich überlebten Dadaismus, auch bei den etwas verständlicheren Versuchen solcher hypermoderner Literatur. Auch hier Stammeln aus dem Wiedererwachen des Sinnes für das Mysterium des Wortes im sprachmusikalischen Sinne, aber kein Ergreifen des Mysteriums aus dem Geistigen heraus im Sinne Ovids oder Dantes, sondern ein Hängenbleiben in den Nerven auf der Schwelle zum eigentlichen Tempel. So führt der Weg einer neuen Kunst von der rein materialistischen Erdenkunst über eine in den Nerven ins Geistige strebende Schwellenkunst wieder in den eigentlichen Tempel hinein. Dieser an sich begreifliche Weg, der mit vollem Recht vom überwundenen Naturalismus hinwegstrebt, ist nur darum so verhängnisvoll, weil er hilflos zwischen zwei Welten schwebt, sozusagen nicht auf der Erde und nicht im Himmel mehr beheimatet ist. Verhängnisvoll ist diese ganze heutige Einstellung in der Kunst besonders auch darum, weil sie durch ihren irrsinnigen Begriff von Erotik die geistige Korruption unserer Niedergangsepoche noch steigert.

Erotik im eigentlichen Sinne des frühgriechischen Eros ist keineswegs Sexualität. Sie kann unter Umständen, in einigen Fällen, vorübergehend Sexualität bejahen, dann aber als irdische Konsequenz einer geistig vorhandenen Realität. In erster Linie ist sie Sympathie der Seelen und deren angestrebte Verbindung im Feinstofflichen, sie ist nicht Faust und Gretchen, sondern Faust und Helena oder Dante und Beatrice — ein Begriff, der vielen heute bestenfalls nur noch erahnbar ist an einem Kunstwerk, und darum wähle ich gerade diese Beispiele. Diese Verbindung ist auch keineswegs ans Geschlecht gekettet, sie ist völlig geschlechtslos, erotisch nur im seelischen Sinne. Ganz zum Unterschiede von ihr ist Sexualität im physischen Sinne keineswegs Zeichen der Sympathie bei angestrebter Verbindung, sondern die irdische Illusion, die Maja, um das bekannte indische Wort zu brauchen, die das zusammenfügt, was ohne Leidenschaft sich kaum zusammenfügen würde. Hier sind Auswirkungen des Schicksals, zu denen die Sexualität herbeigezogen werden kann, nicht Erotik im Sinne der Gemeinsamkeit, der Vereinigung der Gleichwertigen und sich seelisch Nächsten, die nur im Feinstofflichen denkbar ist. Auch Mozart, der bekanntlich Freimaurer war zu einer Zeit, als diese noch genau Bescheid in übersinnlichen Dingen wußten, hat den gleichen Unterschied festgelegt in seiner Oper „Die Zauberflöte" in den Paaren Tamino und Pamina und Papageno und Papagena. Diese Einschaltung zu machen, schien mir gerade an dieser Stelle wichtig, weil sich hier Berührungsflächen mit dem künstlerischen Schaffen ergaben, die Ihnen immer deutlicher sein werden, je mehr Sie sich in den Begriff des Okkultismus hineinleben werden.

Die alte Kunst, vor ihrer mystischen Korruption und

vor dem unvermeidlichen Hereinbrechen des Rationalismus, besaß meist noch das direkte Schauen, nicht nur das intuitive Erahnen geistiger Welten. Daraus erklären sich die Heiligenscheine auf den Bildern alter Meister, die ganz dem entsprechen, was heute hellsichtig oder in ähnlichen Forschungen wieder als Aura um den Menschen wahrgenommen wird, ein wesentlichster Teil seines feinstofflichen Leibes. Auch die Komik stammt aus diesem Gebiet, wie der Humor wirklicher Märchen, die grotesk-grausigen Gestalten eines Höllenbreughel usw.

Eine ähnliche Beziehung herrscht zwischen der sprachmusikalischen Ausdrucksfähigkeit jener Dichter, die wie Dante und Goethe aus dem Geistigen heraus den Glockenguß ins Irdisch-Sprachliche zu formen imstande waren, und jenen nur in den Nerven vibrierenden Klangversuchen modernster Literaten, die nur bis zur Schwelle des Wortmysteriums gedrungen sind, aber trotz aller mißglückten Versuche insofern recht haben, als sie einer rein dem Verstand faßlichen Lösung auszuweichen bestrebt waren. „Im Anfang war das Wort" — und aus solchem Wortgeheimnis heraus zu verstehen sind die vielen Wiederholungen der Bhagavadgita, der oft seltsame Rhythmus alter Mysteriendichtung oder die alliterierenden Verse der heidnischen Zaubersprüche. Dies Urland der Kunst wird wieder mehr erobert und begangen werden. Anstreben wird man diesen Gang mit sehr vielen verschiedenen Mitteln, die wohl zumeist, wie unsere ganze chaotische Zeit, aus den Nerven geboren, Zwitter zweier Welten sein werden — betreten aber wird man den Tempel des Geistigen in der Kunst nur durch die Tore der Schönheit. Immer klarer aber wird die enge Verwandtschaft von Kunst und Okkultismus sich fühlbar machen, denn Kunst ist, wenn sie mehr als Zeitspiegel mit künstlerischer Technik sein soll, geistig und übersinnlich, ist feinstoffliches Leben, Eros und niemals Sexualität. Ihr Schwellengebiet aber ist genau wie das Schwellengebiet der Mystik gleichem Erleben oder Mißerleben ausgesetzt, und darum führt die Modemystik der Gegenwart vom Eros fort in die Sexualität hinein. Ein verhängnisvoller Irrtum für die Kultur, denn man ist dadurch soweit gekommen, Mystik und Sexualität in einem Atem zu nennen.

Wirkliche Kunst und der Eros im feinstofflichen Sinne aber stehen der Schwellenkunst und Schwellenkultur mit ihrer Sexualität gegenüber wie Medialität und Genialität. Die Medialität nähert sich mehr der seelisch-körperlichen Decadence, vermag die Seele nicht aus den Nerven zu heben, wie es ja auch bei der niederen Magie der Fall ist — die Genialität nähert sich mehr der Kindlichkeit, dem Ewig-Kindlichen und damit dem Urgrund allen Schaffens und Seins. Nur aus solchen Gesichtspunkten lassen sich Dichtungen und sonstige künstlerische und kulturelle Werte begreifen.

Ich möchte Ihnen nun noch die weiteren und wichtigeren Formen des Spiritismus beleuchten, ehe ich auf ein anderes Gebiet übergehe. Den Schreib- und Malmedien, bei denen sich eine vergleichende Betrachtung künstlerischen Schaffens von selbst ergab, schließen sich die dem intuitiven Denken belangloseren, aber der analytisch-wissenschaftlichen Forschung interessanteren Sprechmedien an. Meist handelt es sich hier um Personen, die im Trancezustand in der ihnen geläufigen, sehr oft aber auch in ganz fremden Sprachen Mitteilungen machen, die entweder aus dem Unterbewußten hervorgetaucht sind oder von übersinnlichen Intelligenzen mit Hilfe des Mediums übermittelt werden. Auch hier ist große Vorsicht bei Prüfung der Phänomene geboten, und nur in ganz seltenen Fällen mag es gelingen, den Konnex mit einem Verstorbenen nachzuweisen.

Ein weiterer verstärkter Grad dieses medialen Sprechens ist der Vorgang, den wir aus der Bibel als Besessenheit gekennzeichnet finden. Die gleichsam Ich-los gewordene Person des Mediums wird für die kurze Zeit des tiefen Trancezustandes von einer übersinnlichen Intelligenz und hier tatsächlich des öftern von einem Verstorbenen bewohnt. Es liegt auf der Hand, daß es sich dabei nur in den allerseltensten Fällen um irgendwie hochstehende und vergeistigte Verstorbene handeln kann, es sei denn, daß sich solche einmal ausnahmsweise dieses Mittels bedienen, um einem nahestehenden Hinterbliebenen eine Nachricht zukommen zu lassen, für die sie eine andere Mitteilungsmöglichkeit nicht haben bei der Dickwandigkeit, die die materialistische Denkweise der heutigen Zeit zwischen den beiden Welten hergestellt hat. In den weitaus meisten Fällen werden es im Affekt Verstorbene von niederer geistiger Einstellung sein, die sich in den Zustandswechsel des Todes noch nicht zurechtfinden können, was bei sehr vielen, vielleicht den meisten Menschen der Gegenwart, zum mindesten in Europa und Amerika zutreffen dürfte. Ich habe während des Krieges ein recht interessantes Beispiel einer derartigen Besessenheit erlebt. Obgleich ich mich allen spiritistischen Versuchen, als für mich eigentlich recht belanglos und persönlich nicht sympathisch, fernhielt, wurde ich doch einmal in Berlin gebeten, einer Sitzung beizuwohnen, weil das Medium angeblich russisch gesprochen haben solle und niemand der Teilnehmer diese Sprache verstand. Es war übrigens kurz nach der Schlacht bei den Masurischen Seen. Das Medium war eine alte Frau von sehr geringer Bildung, die den typischen Berliner Dialekt sprach. In der Trance meldete sich gleichsam in ihrem Körper ein russischer Soldat, der sogar auf Fragen Auskunft gab, und später ein russischer Offizier, die beide natürlich aus diesem Medium heraus perfekt russisch sprachen. Nun kann man einwenden, das Medium habe vielleicht einmal in der Kindheit an der polnischen Grenze gelebt, und Gelegenheit gehabt, russisch zu lernen oder habe überhaupt die Unkenntnis des Russischen nur vorgetäuscht. Solche Einwände sind aber leichter gemacht, als ihre Berechtigung zu erweisen ist. Nicht nur, daß die Persönlichkeiten des Soldaten und des Offiziers vollständig verschieden in Ausdruck und Benehmen waren — beide gleich abstoßend und unsympathisch wirkend durch den Körper einer alten Frau — es war bei diesem Versuch noch ein anderer Umstand, der sicher zu den interessantesten Wahrnehmungen solcher Besessenheitszustände gehört. Der Soldat sprach vollkommen das Russisch der einfachen Leute des Volkes, ein Idiom, das gar nicht leicht nachzumachen ist und nur von jemand gut gesprochen und verstanden werden kann, der in der Sprache wirklich zu Hause ist. Der Offizier dagegen sprach den elegantesten Petersburger Dialekt, auf dessen Schwierigkeit das gleiche zutreffen würde. Selbst wenn nun diese ganz einfache Frau, die ja im Wachzustand reinsten Berliner Dialekt sprach, etwas vom russischen Volksidiom kennen gelernt haben sollte, so konnte sie es unmöglich mit solcher Fertigkeit beherrschen, keinesfalls aber konnte sie außerdem bewußt oder weniger bewußt auch noch das Russisch der eleganten Petersburger Gesellschaft bis zur Perfektion sprechen.

Ich komme nun zu dem am schwersten begreiflichen, am unbequemsten faßbaren und doch einwandfrei bewiesenen Problem der Materialisationsphänomene. Sie werden gewiß alle schon und vielleicht übergenug von Materialisationen gehört haben, das heißt von spiritistischen Sitzungen, in denen Blumen und andere Gegenstände, die nachweislich vorher nicht im Zimmer waren, plötzlich auf unerklärliche Weise aufgetaucht sind. Sie werden gehört haben von geheimnisvollem Öffnen von Türen, Verschwinden von Sachen und ähnlichen Erscheinungen, die an Spuk erinnern und tatsächlich auch nahe mit ihm verwandt sind. Es handelt sich hier, von zahlreichen Schwindeleien abgesehen, um den Vorgang, daß irgendwelche übersinnliche Intelligenzen sich soweit materialisieren, das heißt verfestigen, daß sie einen Gegenstand zu ergreifen oder zu handhaben imstande sind. Solch eine Verfestigung braucht auch nur an einem einzigen Gliede, vielleicht an der gerade dazu benötigten Hand, stattzufinden, während die übrige Erscheinung entweder gar nicht oder nur im feinstofflichen Fluidalkörper sichtbar wird. Ich erinnere hier an das Beispiel des Peter Lärdal aus Lappmarken, das ich Ihnen gelegentlich der Erläuterung niederer Magie erzählte und bei dem Sie auch eine Verfestigung des astralen Körpers soweit feststellen konnten, daß sich ein Ring ergreifen und verstecken ließ. Es ist im Grundsatz nun gleichgültig, ob die Verfestigung des Astralkörpers oder eines Teiles solch eines fluidalen Leibes an einem exteriorisierten Lebenden oder einem Verstorbenen oder eventuell, in sicher sehr vielen Fällen, an einer beliebigen anderen übersinnlichen Intelligenz erfolgt. Denn natürlich muß man sich darüber klar sein, daß eine übersinnliche Welt mindestens so viele Variabilitäten des Lebens aufweisen wird, als die diesseitige und in diesem Dasein geläufige. Hieraus stammt auch eine Hauptquelle der spiritistischen Irrtümer resp. vor allem ihrer Folgerungen. Man nennt derartige Erscheinungen des Herbeibringens von Gegenständen Apporte. Wie nun die Gegenstände durch feste Wände hindurchgelangen können, ist genau so erklärlich oder unerklärlich, wie jedes Festwerden fluidaler Körper oder das Flüssigwerden fester Körper. Das Eis, das sich zu fein geformten Kristallen bildet, ist vorher Wasser gewesen, und es kann sich wieder zu Wasser verwandeln, aus dem dann die gleichen Formen wieder neu entstehen können. All das ist gar nicht so unerklärlich, wenn man bloß ein wenig vergleichsweise zu denken gelernt hat und wenn man sich nicht ängstlich an die einzigen uns bekannten Naturvorgänge klammert. Somit müßte also einer derartigen Materialisation eine Dematerialisation vorangegangen sein, und das ist auch tatsächlich der Fall. Die Tatsachen der Dematerialisation sind nur seltener und weniger bekannt — noch heute aber können Sie im Orient bei entsprechend entwickelten Magiern das Dematerialisieren eines Gegenstandes, eines Ringes oder eines ähnlichen kleinen Schmuckstückes erleben.

Für die wissenschaftliche Forschung im Vordergrunde stehend muß man, in letzter Zeit wenigstens, diejenigen Materialisationsphänomene ansehen, die zur Bildung ganzer Gestalten des Übersinnlichen mit Hilfe der odischen Kraft des Mediums geführt haben. Hier erscheinen ganze Gebilde von nebelähnlichem Aussehen, die völlig erkennbare Figuren und Gesichtszüge haben, deren Gewänder greifbar sind und die sogar zu sprechen oder sich sonst in der einen oder anderen Weise bemerkbar und verständlich zu machen vermögen. Man hat den Einwand, daß es sich dabei um Täuschungen handle, sehr bald dadurch beseitigt, daß man die fraglichen Phantome photographiert und dadurch den Beweis erbracht hat, daß ein suggestiver Vorgang nicht in Betracht kommt. Man hat sogar Teile dieser Phantome in Gips oder ähnlichen Massen zum Abdruck gebracht. Ich will noch bemerken, daß die Platten vor dem Photographieren meist versiegelt wurden und im Beisein der die Untersuchung leitenden Gelehrten entwickelt oder jemand zur Entwicklung gegeben wurden, der von dem ganzen Vorgang nichts wissen konnte. Es gibt zahlreiche solche Geisterphotographien, Abdrücke und ähnliche Experimentalbeweise, und man kann sich, wenn man sich näher über diese Experimente und deren Vorsichtsmaßnahmen unterrichten will, an die Werke von Lombroso und Schrenck-Notzing halten, die ich mehrfach erwähnt habe. Ich möchte nur noch eine sehr interessante Tatsache anführen, nämlich den Umstand, daß diese Phantome keine Schatten werfen, daß auf der photographischen Platte nur der Schatten sichtbar ist der sie umgebenden irdischen Gegenstände, Tücher, Möbelstücke usw. Eine andere Frage ist es, ob diesen effektiven Tatsächlichkeiten nun immer eine Erscheinung Verstorbener, einer übersinnlichen Intelligenz überhaupt zugrunde liegt. Ich glaube, daß Schrenck-Notzing darin recht hat, mit dieser Hypothese so skeptisch als nur möglich umzugehen, wenn ich auch seiner Ansicht, daß die meisten dieser teleplastischen Phänomene, das heißt der aus dem Medium entstehenden Gebilde, in erster Linie dessen Unterbewußtsein entstammen, nicht beistimme.

Ich persönlich bin der Ansicht, daß sich meist über-sinnliche Intelligenzen minderwertiger Art solcher medial freigewordener Verfestigungsmöglichkeiten bemächti-gen, daß aber eigentliche Verstorbene nur in der weit geringeren Anzahl der beobachteten Fälle in Frage ge-zogen werden können. Ein interessantes Beispiel für einen solchen erwiesenen Fall will ich Ihnen aber nicht vorenthalten. Lombroso verzeichnet in seinen spiritisti-schen und hypnotischen Forschungen: „Ein Zacharias Grey teilte mir mit, er sei Geistlicher gewesen und habe 1728 in Cambridge das Buch geschrieben ‚The Immortal Holineß‘. Er schrieb eine ganz sonderbare Schrift, die aber authentisch war, wie sich aus Manuskripten des Britischen Museums nachweisen ließ." Jede Telepathie, jede Gedankenübertragung ist hier ausgeschlossen, und nicht anzunehmen ist wegen der völligen Übereinstim-mung der Schriftproben das Eingreifen einer fremden, übersinnlichen Intelligenz. Eine damit verwandte Mani-festation, die nur ohne Zuhilfenahme eines Mediums erfolgte, berichtet die Geschichte der Frau von Marte-

111

ville, der Witwe des niederländischen Gesandten zu Stockholm, einer Zeitgenossin und Bekannten Swedenborgs. Frau von Marteville erhielt eine Mahnung, eine angebliche Schuld ihres Mannes zu bezahlen, erinnerte sich aber genau, daß diese Schuld beglichen sei, wenn sie sich auch nicht zu besinnen vermochte, wo die Quittung darüber geblieben war. Es erschien ihr nun die feinstoffliche Gestalt des verstorbenen Gatten und bezeichnete ihr die Stelle, wo sich eine Kassette mit der Quittung und einer verloren gegangenen Nadel befände. Frau von Marteville stand sofort auf, machte Licht, suchte und fand die Kassette und in ihr die Quittung und die Nadel. Nun kann man diesen Fall gewiß mit einiger Wahrscheinlichkeit auch durch ein wachgewordenes Unter- oder Überbewußtsein erklären, das in der Frau von Marteville selber zu suchen ist. Ich habe aber schon einmal darauf hingewiesen, daß die Erklärung durch Verstorbene oder eine andere übersinnliche Intelligenz dem, der sich mit den Begriffen vertraut gemacht hat, sehr viel einleuchtender und wahrscheinlicher, zum mindestens weniger schwierig ist als das Heranziehen des Unterbewußten und Überbewußten, das selbst für sehr weit vorgeschrittene Esoteriker eine oft ungelöste Frage bleibt.

Ich wählte diesen Fall hauptsächlich deshalb, weil er einen Übergang vom Spiritismus und seinen Phänomen zum Spuk und den Gespenstern bietet. Die rationalistische Illusion, daß es keine Gespenster gäbe, wird Ihnen nun wohl auch allmählich genommen sein und kein noch so aufgeklärt tuendes Bildungsphilisterium kann an diesen Tatsachen etwas ändern. Im übrigen leugnen gerade diejenigen die Gespenster am meisten, die sie unbewußt am meisten fürchten. Die Erklärung der Gespenster ist ja nach den Ergebnissen der spiritistischen Forschungen eine sehr einfache. Es handelt sich um erdgebundene Verstorbene, die durch ihre Gesinnung, ihre Unvergeistigung, durch einen Affekt, durch irgendwelche Begierden so sehr an die irdische Form, an ihren Zustand und an den Ort ihres einstmaligen Daseins sich gebunden fühlen, daß sie nicht davon freikommen können und nicht in der Lage sind, sich ins Geistige zu erheben. Es gibt unzählige beglaubigte Gespenstererscheinungen aus allen Zeiten, auch der jüngsten Gegenwart, und ich empfehle dem, der sich besonders dafür interessiert, das überaus reichhaltige und vorzüglich geschriebene Werk von Dr. Max Kemmerich, „Gespenster und Spuk" (Haus Lhotzky Verlag, Ludwigshafen am Bodensee). Kemmerich hat auf diesem und anderen Gebieten als Historiker nicht nur ein sorgfältig überprüftes Material zusammengestellt, sondern auch in der Vertretung dieser dem Materialismus und seiner großen Gefolgschaft unbequemen und oft wütend bekämpften Erneuerung alter Wahrheiten einen sehr beachtenswerten moralischen Mut bewiesen. Zur Frage der Gespenstererscheinungen überhaupt möchte ich bemerken, daß es nicht nur einzelne Gespenster gegeben hat und gibt, sondern daß gerade viele historische Beispiele ganze Gesellschaften solcher beglaubigen, eine Art von Massenspuk, in alten Klöstern und Palästen häufig einen solchen, dem, wie den bekannten weißen Frauen, auch eine vorbedeutende Wirkung zuzuschreiben war.

Grundsätzlich möchte ich noch eines hinzufügen: wenn

sich irgendwo ein Spuk meldet oder von ihm erzählt wird, so sagt der einseitige Mystiker von vornherein, daß es sich um ein Gespenst handle, der einseitige Materialist, daß es eine auf rein mechanischem Wege zu erklärende Erscheinung sei. Beides ist möglich, und es ist keineswegs gesagt, daß immer der eine oder der andere Teil Recht haben müsse. Sehr viele solche Manifestationen lassen sich bei näherer Prüfung auf ganz einfache mechanische Ursachen zurückführen, ebenso sicher ein Teil aber auch nicht, für den sich dann, wenn auch nicht immer, die Beweisführung der Gespensterhaftigkeit erbringen läßt. Es ist aber noch ein dritter Fall möglich, der sehr oft vorliegt, wenn sich wieder einmal beide Gegner in den Haaren liegen. Es ist weder eine mechanische Ursache, noch ein Gespenst. Es ist ein Restbestandteil eines ehemaligen Verstorbenen oder einer Begebenheit, ein Gebilde, für das mir hier der Daumersche Ausdruck Eidolon sehr viel angebrachter erscheint, als für den exteriorisierten Astralleib. Sie müssen sich das ungefähr so denken, als wenn auf einem photographischen Negativ, auf dem nichts sichtbar ist, durch die Entwicklung im Bade die Gestalten der früher stattgehabten Aufnahme hervortreten. Solche Reste hinterlassen alle Ereignisse und Menschen, alle Sachen tragen etwas an sich von solchen Resten einer nicht sichtbaren Lebenskraft, und diese Momente treten bildhaft hervor durch irgendwelche Ursachen, wie Anwesenheit medialer Personen, oder werden hellsichtig wahrgenommen durch Personen, die plötzlich erschreckt, hyperästhetisch geworden sind. Intuitive künstlerische Beobachtung, überhaupt Wahrnehmung Sensitiver sieht

114

ja die Dinge anders und mehr ihrem inneren Wesen nach, als das reine Nützlichkeitsdenken der meisten Menschen, die ihre feineren Sinne durch die Plumpheit der heutigen Zivilisation übertäubt haben. Ich erinnere mich, einmal in einem Vorort Berlins, in dem ich jahrelang gelebt habe, eine Villa gesehen zu haben, die für mich etwas ausgesprochen Unsympathisches hatte, obwohl sie, künstlerisch betrachtet, nicht besser und nicht schlechter als alle anderen war. Ich empfand auch deutlich gewisse Stellen dieses Baues, die Säulen auf einer Loggia, als das Abstoßendste daran. Als ich bald darauf mit einem mir befreundeten hellsichtigen Menschen an der Villa vorüberkam, machte er mir auf meine Anregung die gleichen Angaben bis auf jede Einzelheit, wie ich sie empfunden hatte. Ich lernte die Inhaberin der Villa später kennen, erfuhr von ihr, daß es ein sogenanntes „Unglückshaus" sei, und die einzelnen Szenen der Dramen, die sich dort abgespielt, waren verkettet mit den von mir und meinem Bekannten genau bezeichneten Stellen. Hier handelt es sich um ein Fluid, ein Etwas, das den Dingen anhaftet wie einer photographischen Platte, ohne daß es im eigentlichen Sinne ein Spuk, ein Gespenst ist.

Vielen wird es nun sonderbar erscheinen, daß ein Gespenst, ein Verstorbener sich so irdisch benehmen, sich so wenig von seiner im Leben getragenen Eigenart unterscheiden solle. Diesem Bedenken liegt die uns heute geläufige, aber irrige Auffassung zugrunde, als sei der Tod mehr als ein Übergang, mehr als ein Formwechsel, eine Zustandsänderung. In Wahrheit sind wir ständig in der geistigen Welt oder deren verschiedenen Regionen je nach dem Grade unserer Entwicklung, ebenso wie wir auf dem physischen Plane uns befinden. Wenn ich im Wasser stehe und einen sehr dicken Gummianzug trage, so daß ich das Wasser nicht fühle, ändert das nichts daran, daß ich trotzdem mich im Wasser befinde. Ich fühle es nur anders, wenn ich den Gummianzug ablege. Menschen, die schon jetzt weit im Geistigen leben, das seine Regionen und Zustände hat wie alles andere, werden ja auch nicht als Gespenster sichtbar werden — es handelt sich hier eben mit ganz seltenen Ausnahmen um sehr erdgebundene Verstorbene, die freilich heute in der heutigen Denkweise überwiegen werden. Daraus aber sehen wir bestätigt, daß alle spiritistischen Experimente, so interessant sie wissenschaftlich sein mögen, so sehr vielleicht viele Materialisten diese erste Brücke zu höheren Stufen benötigen, doch immer ein irrtumreiches Vergröbern feinstofflicher Wesenheit darstellen, ein Herabziehen aus dem ersten Stockwerk ins Erdgeschoß, wie ich Ihnen bereits anführte, ein Vergespenstigen des Geistigen. Darin liegen die nicht zu unterschätzenden moralischen und geistigen, seelischen und gesundheitlichen Nachteile. Ich empfehle sie daher niemand und verweise jeden, der sich ihnen nahe fühlt oder sie als Beweis zu brauchen glaubt, auf die exakten Forschungen der genannten Gelehrten.

Eine solche vergröberte Geistigkeit, Gespenstigkeit und Erdgebundenheit läßt sich jedoch nicht geltend machen für jene Verstorbenen, die im Augenblicke des Todes oder kurz nachher einem nahestehenden Menschen erscheinen. Wenn hier nicht Gedankenübertragung, Telepathie vorliegt, wie sicher in sehr vielen Fällen, sondern ein wirkliches Erscheinen im Astralkörper, so kann man daraus keineswegs schließen, daß diese Personen irgendwie in geistiger Hinsicht niedrig stehen müßten. Es ist ein sehr begreifliches Verlangen nach Mitteilung, das auf die eine oder andere Art Wirklichkeit wird. Diesen Manifestationen fehlt daher, wie allen höhergeistigen Äußerungen, jedes Gefühl des Unheimlichen, Unguten, das reine Spukerscheinungen meist mit sich zu bringen pflegen. Interessant ist es aber, daß die meisten Wahrnehmungen dieser Art, auch diejenigen, die unpersönlich sind, also nicht mit dem Empfänger zusammenhängen, sich in der Regel durch ein Gefühl der Depression anzukündigen pflegen. Jedenfalls haben neuere Forschungen das bestätigt.

Nur streifen kann ich das Problem des sogenannten Doppelgängers, das heißt des Vorganges eines doppelten Sichtbarwerdens der gleichen Person, oft am gleichen Orte und zur gleichen Stunde. Soweit mir bekannt ist, sind die Erklärungsmöglichkeiten hier sehr schwierige und bisher noch ungenügend erforschte. Nur für einen Teil der Fälle mag die Lockerung des feinstofflichen Körpers, seine allzuleichte Trennung vom Physischen auf krankhafter Basis zutreffen. Meist ist diese Eigenschaft für den Betreffenden begreiflicherweise sehr störend und verhängnisvoll, da er selbst diese Erscheinung weder in der Gewalt hat noch sich ihrer immer bewußt ist.

Unter anderen Fällen ist hier vielleicht der bekannteste der Mademoiselle Sagée in Livland zu nennen, die sich durch ihre unheimliche Eigenschaft oft ihre Stellungen verscherzte und die in den meisten einschlägigen Werken, darunter auch von Lombroso, angeführt wird.

Ich habe im Verlauf des Vortrages häufiger den Ausdruck übersinnliche Intelligenz gebraucht zum Unterschiede von einem verstorbenen Menschen, und es ist wohl angebracht, Ihnen darüber noch einige Worte zu sagen. Sie werden sich schwer etwas darunter denken können, wenn ich Ihnen sage, daß man beim Betreten der geistigen Welt, so einleuchtend das auch klingen mag, reichlich so vielfältiges Leben vorfindet, als im irdischen Dasein. Aber vielleicht kann ich Ihnen an einer verwandten Erscheinung diese Vorstellung erleichtern, indem ich versuche, Ihnen nahezubringen, was man unter sogenannten Elementargeistern versteht. Es ist Ihnen ja bekannt, daß das Altertum die ganze Welt, jede Pflanze, jeden Stein sich bewohnt dachte von einer Wesenheit. Im Dichterischen hat das ja auch heute noch Geltung, und ich stehe nicht an, zu behaupten, daß alle Wesen des Märchens einer übersinnlichen Wirklichkeit angehören, die in verschiedenen Graden stufbar, hauptsächlich in einer sehr hohen geistigen Region, der Region des Ewig-Kindlichen, beheimatet ist. Ich habe hier durchaus Welten im Auge von solcher Realität, wie sie Dante in seiner Komödie stufenweise schildert. Darum ist für mich ein Märchen nur dann ein wirkliches Märchen, wenn es dieser Realität entspricht, wenn es entstanden ist aus Rückerinnerung, aus dem Heimweh nach jener geistigen Heimat. Die meisten sogenannten Märchen sind nämlich nichts weiter als phantastische, erdachte Geschichten, aber keine Realitäten, was zum Beispiel das Kind sofort unterscheidet. Wirkliche Märchen

118

sind sehr selten, weil wirkliche Märchendichter selten sind, das heißt Geister, die aus jener Region stammen — es liegt auf der Hand, daß solch ein in Heimweh verbrachtes Leben erdfremd ist und ein doppelt schweres Schicksal bedeutet.

Um Ihnen nun an einem wenigstens zum Teil der Erde angehörigen Wesen solcher Art die ganze Artung nahezulegen, bitte ich Sie, sich einmal einen Baum vorzustellen. Sie können seine ganze Struktur, seine physische Beschaffenheit zergliedern, sinnlich wahrnehmen und kennen lernen. Nicht aber können Sie sinnlich erfassen, worin eigentlich sein Leben besteht, welche Kraft seine Zellen baut, seine Blätter und Blüten treibt und im Winter, latent vorhanden, auf eine neue Kraftentfaltung wartet. Die Verpersönlichung einer solchen Kraft, also der eigentlichen Wesenheit des Baumes, wäre ein Elementarwesen, eine Dryas oder Baumelfe. Dieses eine Beispiel läßt sich natürlich in richtiger Folge intuitiven, erahnenden Denkens beliebig auf alles Leben in der Natur ausdehnen.

Was wir wahrnehmen, mit den Sinnen und mit dem Verstande, ist ja nichts als die Form, die sich ein so nicht wahrnehmbares Geistiges prägt oder geprägt hat. Das Materielle, Grobstoffliche ist eben nur jeweiliges wechselndes Bild des Geistigen oder wie Goethe es ausdrückt: „Alles Vergängliche ist nur ein Gleichnis." Man kann sich nun in gleichem intuitiven Denken eine weitere Anzahl solcher übersinnlicher Intelligenzen vorstellen und bis zum Erleben ihrer Tatsächlichkeit bringen, die nicht dieser Erde angehören, sondern anderen unteren oder höheren Weltgraden. Ich möchte diesen Aus-

119

blick auf eine Welt der Geister nicht verlassen, ohne Sie auf die ebenso schöne als wahre, der katholischen Kirche ja noch heute geläufige Vorstellung eines persönlichen Schutzengels zu verweisen, jenem Begriff, der auch meinem „Genius astri" zugrunde liegt in den Worten:

> „durch die Kette deiner Leben,
> erdennah und erdenfern —
> immer segnend dir zu Häupten
> hält dein Engel deinen Stern."

TRÄUME UND TRAUMERLEBNIS
HELLSEHEN UND PROPHETIE

Bevor wir den Problemen des Hellsehens und der Prophetie nähertreten, dürfte es sich empfehlen, einige Worte über den Traum und das Traumerlebnis zu sagen, die in ihrer Weise unter Umständen bereits eine Aufhellung der geistigen Welt bedeuten können. Träume haben ja von jeher in der Geschichte der Menschheit eine große, mehr oder weniger rühmliche Rolle gespielt, und auch im heutigen persönlichen Leben werden ihnen je nach Veranlagung des einzelnen Werte eingeräumt, die ebenso oft bejaht wie bestritten werden. Die Materialisten pflegen alle Träume vom geistigen Standpunkt aus als Unsinn zu bezeichnen und sie lediglich rein körperlichen Ursachen zuzuschreiben. Man wird ohne weiteres zugeben müssen, daß die Materialisten damit in der weitaus größten Zahl der fraglichen Fälle recht haben. Die meisten Träume entstehen sicherlich nur aus körperlichen Zuständen heraus, aus zufälligen mechanisch-physischen Anregungen, die auf das Gehirn einwirken und in seinem Halbbewußtsein während des Schlafes eine Reihe von mehr oder weniger zusammenhängenden Bildern, meist aus Rückerinnerungen gewoben, hervorrufen. Sehr richtig bezeichnet du Prel in seinen Werken den Traum daher als Dramatiker, der, an ein mechanisches Zufallsmoment anknüpfend, ein scheinbares Schaffen entwickelt, eine Art dramatischer Produktivität. Man träumt, durch das Fallen eines Gegenstandes beeindruckt, vielleicht eine seltsame Geschichte von einem Überfall, der mit einem Schuß abschließt, nur daß der Fall des Gegenstandes, der den vermeintlichen Schuß im Halbbewußtsein hervorrief, nicht am Ende, sondern am Anfang der Traumkette steht. Selbst hier also, im rein physisch erklärbaren Traum, ist die Zeit als solche überwunden oder in das Gegenteil ihres normalen Ablaufes verkehrt. Alle diese Träume, die sich, wie du Prel ausführt, auch unter Umständen willkürlich herbeiführen und experimentell verwerten lassen, haben natürlich mit irgend einer Wahrnehmung oder auch nur Aufhellung der geistigen Welten nichts zu tun. Sie sind nicht mehr als Reflexerscheinungen des Gehirns und des Nervensystems, das im Halbbewußtsein mit irgendwelchen Rückerinnerungen auf mechanische Anregungen hin ein vielleicht oft logisches, aber niemals sinnvolles Spiel treiben.

Eine interessantere, aber weitaus seltenere Gattung der Träume sind die sogenannten Wahrträume, das heißt Traumwahrnehmungen, die sich später, und zwar meist genau in allen vorher geträumten Einzelheiten, erfüllen. Es gibt sehr viele Menschen, die solche Wahrträume haben, und wenn man im praktischen Leben meist nicht allzuviel von solchen Vorkommnissen merkt oder hört, so liegt das teils an der sehr äußerlichen Einstellung unserer heutigen Scheinkultur, teils aber auch daran, daß die wenigsten dieser Träume sich wirklich mit irgendwie wichtigen oder eingreifenden Ereignissen befassen, sondern oft nur auf reichlich belanglose Einzelheiten, auf gleichgültige Tagesbegebnisse gerichtet sind, deren genaues Vorherträumen und Eintreffen die Träumer wohl flüchtig interessiert, aber sie kaum näher zu berühren vermag. Da im Schlaf die Zeit als uns gewohnte Dimension aufgehoben ist, ist es einleuchtend, daß die bevorstehenden Dinge, belanglos oder nicht, genau so erschaut werden können wie die zurückliegenden.

Das gleiche trifft zu bei den sogenannten Vorahnungen, die ja auch heute noch viele Menschen haben und die sich von Wahrträumen nur dadurch unterscheiden, daß sie im Tagesbewußtsein erfolgen, anstatt als Traumbilder im Schlafe aufzutreten. Manche Ahnungen sind übrigens auch nichts weiter, als im Unterbewußten oder richtiger gesagt im Überbewußten zurückgebliebene Traumwahrnehmungen. Die eigentlichen Bilder sind vergessen, sind ins Tagesbewußtsein nicht hinübergenommen worden, und nur ihr essentieller Inhalt ist in einem unklaren Gedanken, einem Gefühl, einer Ahnung im Seelischen des Menschen haften geblieben. In diesen Fällen handelt es sich meist um eingreifendere Ereignisse, um Erkrankungen oder Todesfälle nahestehender Personen, um Bilder, die also einen tieferen Eindruck hinterlassen mußten als gleichgültige Tagesbegebnisse Darum sind Ahnungen meist inhaltschwerer als Wahrträume, der Zahl nach verglichen, sie sind eben Niederschläge wichtiger Wahrträume oder telepathische Wirkungen im Tagesbewußtsein. Es ist ja ohne weiteres einleuchtend, daß ein belangloser Wahrtraum, wenn er nicht aus irgendwelchen Gründen, aus irgendeiner besonderen Veranlagung des Betreffenden heraus, ins Tagesbewußtsein hinübergenommen wird, essentiell, im Unterbewußten, keinen Niederschlag als Ahnung hinterlassen wird. Sehr interessante Untersuchungen und reiches Material über das Gebiet der Wahrträume und der Ahnungen finden Sie unter anderem in Flammarions Werk „Rätsel des Seelenlebens" (deutsch im Verlag von Julius Hoffmann, Stuttgart); von den älteren Forschern wäre noch Professor Daumer an dieser Stelle zu nennen, von den neueren Dr. Georg Lomer, der sich eingehend mit Träumen und ihrer Wertung befaßt hat.

Wenn die rein auf mechanischen Ursachen beruhenden Träume eine erste Stufe des Traumlebens darstellen und die Wahrträume seine Mittelstufe sind, so können als dritte und höchste Stufe die Traumerlebnisse gelten, die, bereits von allem Irdischen gelöst, ein Erleben geistiger Welten und eines übersinnlichen Daseins in sich schließen. Das bekannte Fliegen, Tanzen, alle ähnlichen Empfindungen, die den Körper leichter erscheinen oder ganz vergessen lassen, das Schauen wundervoller Landschaften, die kein irdisch vergleichbares Gegenbild haben, das Sehen von Blumen und anderen Pflanzen, die in Farben und Formen unirdisch sind — all das sind Erlebnisse, Realitäten der geistigen Welt, die wahrgenommen werden beim Verlassen des physischen Körpers im Schlafe, sind wirkliches Leben der im feinstofflichen Gewand in eine feinstoffliche Welt gehobenen Individualität des Menschen. Auf ihre Grade und die sehr verschiedenen Gebiete dieser Welt näher einzugehen, würde zu weit führen und den Rahmen dessen überschreiten, was hier vorerst einmal erstrebt werden soll. Alle meine Ausführungen sollen ja nur Hinweise auf die Eintrittsmöglichkeiten in eine geistige Welt sein, nicht eine Schilderung ihrer zahllosen Erlebnismöglichkeiten im schönen oder grauenhaften Sinne. Sie sollen nur zum Erleben hinführen, zu eigener Wahrnehmung, nicht zum blinden Glauben oder zu ebenso blinder Ablehnung einer Welt, die nur solchem Selbsterleben, keiner noch so fein gearteten Diskussion zugänglich sein kann und soll. Ich will hier nur hinzufügen, daß diese Traumerlebnisse, im Verhältnis zu den anderen Träumen gemessen, die seltenste Wahrnehmung zu sein pflegen, wenigstens beim normalen Menschen der heutigen Zivilisation mit ihrem Nützlichkeitsdenken. Sehr viel häufiger treten diese Traumerlebnisse auf beim Beginn einer esoterischen Schulung, die ja beim Eindringen in die geistige Welt unter anderem auch eine Aufhellung des Traumbewußtseins und sein Mithinübernehmen in das sogenannte Tagesbewußtsein anstrebt bis zur eventuellen sogenannten Kontinuität des Bewußtseins, wo das Leben während des Schlafes vom Leben während des Wachzustandes keine Trennung mehr aufzuweisen hat.

Ehe ich das Gebiet der Träume verlasse, will ich auch noch auf die wohl allen bekannte reiche Symbolik des Traumlebens hinweisen. Im Bilderbewußtsein des Traumes äußert sich vieles in reinen Symbolen, ganz abgesehen davon, daß hier Sinnliches und Übersinnliches in den verschiedenen Traumformen durcheinanderwogt und nicht immer leicht zu scheiden ist. Die Symbolik des Traumes zu deuten ist meist sehr schwer, oft ganz unmöglich, und man tut jedenfalls gut, nicht über Dinge nachzugrübeln, die eher zu falschen Folgerungen als zu einer Aufklärung führen werden. Es ist sicher anzuempfehlen, auf Träume wie auf Ahnungen und alle feineren Regungen seelischen Lebens zu achten,

ungut aber ist es sicher, ihnen Bedeutung oder aus-
schlaggebende Wertung einzuräumen, ehe man nicht
seiner Sache völlig sicher ist. Das Aufhellen des Traumbewußtseins, das Achten auf bisher überhörte Feinheiten
des Seelenlebens bedeutet in erster Linie eine Verfeine-
rung des ganzen Menschen und seiner Empfindungs-
möglichkeiten im allgemeinen, keineswegs soll hier in
Einzelfällen ein oft gewagtes Spiel mit Rätseln empfoh-
len werden. Die Dinge, die sich aus solchem Aufhellen
heraus als wirklich und dauernd erweisen, zeigen sich
im Laufe der Entwicklung mit ziemlicher Sicherheit
durch ein bestimmtes Erlebnisgefühl an, das etwas
Dauerndes vermittelt, eine Sicherheit in bestimmter Richtung, ein Hineinwachsen in eine geistige Welt — und
erst wenn dieser Grad erreicht ist, sollte man es sich
erlauben, auf einzelne Träume und Traumerlebnisse
mehr Gewicht zu legen und in ihnen mehr zu sehen als
Symptome eines Entwicklungsvorgangs. Damit ist natürlich nicht gesagt, daß ganz ohne solche erzielte Schulung und Gesinnung, besonders in der jetzigen bewegten
Zeit, nicht auch einzelne Träume oder Ahnungen War-
nungen oder Ratschläge von nahen Verstorbenen oder
sonstigen übersinnlichen Wesenheiten darstellen können.

Man sollte auch dies Gebiet des Okkultismus, wie
alle seine Äußerungen, beachten, ohne sich darin kritik-
los zu verlieren. Besonders sollte man den beiden wichtigen Schwellen des Bewußtseins, dem Einschlafen und
Aufwachen, stets besondere Aufmerksamkeit schenken,
sollte mit Bewußtsein und einer entsprechenden Gesinnung beim Einschlafen in die geistige Welt eintreten
und sie in gleicher Weise beim Aufwachen verlassen.

Nicht unerwähnt möchte ich lassen, daß viele Menschen vor bevorstehenden Katastrophen, umwälzenden politischen oder kosmischen Ereignissen, die viel Schweres mit sich bringen, meist wiederholt und eindringlich von nahen Verstorbenen träumen. Auch Materialisten haben mir diese Wahrnehmung oft mit einigem Erstaunen berichtet. Ohne die Träume zu überschätzen, ohne ihnen einseitig allzugroße Bedeutung im Einzelfall einzuräumen, sind sie doch eine Aufhellung der geistigen Welten, eine Erweiterung der Wahrnehmungsmöglichkeiten in eine übersinnliche Existenz hinein, wenigstens in ihren höheren von mir bezeichneten Formen. Sie gewöhnen, bei sorgfältiger Beachtung, genau wie ihre Schwestern, die Ahnungen, an den früheren Kulturen selbstverständlichen Gedanken, daß wir Bürger zweier Welten sind, daß das, was das eigentliche Leben darstellt, nicht sein grob Greifbares ist, sondern daß es zu lesen ist gleichsam zwischen den Zeilen des Lebens.

In diesem Sinne leiten die Träume in das Gebiet des Hellsehens hinüber, in dem man ja auch eine geistige Welt wahrnimmt, eine geistige Welt erlebt, nur ohne erst die Schwelle des Schlafes überschritten zu haben. Als ich über Spiritismus sprach, versuchte ich bereits, Ihnen den Unterschied zwischen spiritistischer und hellsichtiger Wahrnehmung an einem Beispiel klarzumachen, an das ich jetzt wieder erinnern möchte. Ich sagte Ihnen, daß wir, wenn wir vom Erdgeschoß aus erfahren wollen, ob im ersten Stockwerk Leben vorhanden ist, zwei Möglichkeiten haben: entweder durch ein Loch in der Decke irgend einen Gegenstand aus dem ersten Stockwerk herabzuholen oder aber durch die Öffnung selbst den

Kopf in das erste Stockwerk hineinzustecken. Im ersten Fall, der dem Spiritismus entspricht, liegt ein Herabziehen der geistigen Welt ins Grobstoffliche vor, das wohl den Beweis übersinnlicher Existenzen zu erbringen vermag, Folgerungen weitgehender Art aber kaum zuläßt und reiche Irrtumsmöglichkeiten in sich schließt. Im zweiten Fall, der dem Hellsehen entspricht, findet ein Hinaufsteigen in die geistige Welt selbst statt, ein Sichselbstverfeinern in eine feinstofflichere Welt hinein — und somit ein Vorgang, der nicht nur die Existenz der übersinnlichen Welt zu beweisen imstande ist, sondern in ihr selbst Erlebnisse herbeiführt und Wahrnehmungen ermöglicht, die, mögen sie auch begrenzt sein, doch immerhin in jenem Lande selbst vermittelt werden, das wir erforschen wollen. Daß beim Betreten eines fremden Landes erst einmal nur ein Einblick und keine Übersicht erzielt wird, liegt auf der Hand. Immerhin aber ist solch ein Einblick ungleich mehr wert und zuverlässiger, als alle Folgerungen, die sich an Gegenstände oder Nachrichten aus dem Lande knüpfen und mehr oder weniger doch nur Hypothesen bleiben können. Insofern ist hellsichtige Wahrnehmung, selbstverständlich unter gehöriger sachlicher Eingrenzung und Prüfung, sicherlich die am weitesten führende Möglichkeit, die Artung geistiger Welten zu erforschen.

Wenn ich vom Hellsehen spreche, so rechne ich unter diesen Begriff gleichmäßig auch das, was man sonst Hellhören, Hellfühlen usw. nennt. Diese verschiedenen Formen feinstofflicher Wahrnehmung ähneln sich im wesentlichen und treten sehr häufig so eng miteinander verbunden auf, daß man sie bei einer Besprechung kaum

128

zu trennen braucht. Zudem läßt sich bei dieser verfeinerten Form der Wahrnehmung oft gar nicht auseinanderhalten, was mehr erschaut, erfühlt oder erhört wird. Der Ausdruck Hellsehen kann aber als vorwiegend in erste Linie gestellt werden, da es sich meist um Bilder handelt, die, unterschiedlich von irdischen Bildern, in vieler Hinsicht doch dem Schauen und dem Bildbegriff am nächsten kommen. Man muß ja stets berücksichtigen, daß man geistige Vorgänge doch nur an analogen physischen vorerst zu erklären imstande ist. Sie sind damit nicht dasselbe, aber sie ähneln dem namhaft gemachten physischen Vorgang am meisten.

Hellsichtige Fähigkeiten können sowohl ererbt als erworben sein. Die ererbte, von vielen auch atavistisch genannte Hellsichtigkeit erstreckt sich meist auf Bilder, die mit der irdischen Welt, ihren Geschehnissen und den menschlichen Schicksalen verbunden sind, die erworbene strebt meist auf Grund besonderer Meditationen oder Konzentrationsübungen an, sich lediglich den Wesenheiten und dem Leben der geistigen Welten zu nähern. Die im übrigen wohl geläufigste Unterscheidung zwischen den Formen des Hellsehens ist diejenige, die räumliches und zeitliches Hellsehen trennt.

Das räumliche Hellsehen ist der unserer Vorstellung eigentlich leichter zugängliche Vorgang. Wenn uns eine Wahrnehmung auf sehr weite Entfernungen auch nicht gleich einleuchtet, so haben wir doch an der drahtlosen Telegraphie, die sowohl Worte als Bilder übermitteln kann, eine Analogie auf technischem Gebiet. Noch begreiflicher kann uns das Hindurchsehen durch Stoffe erscheinen, die dem physischen Auge undurchdringlich sind, da man mit dem gewöhnlichen Auge seit Erfindung der Röntgenstrahlen diesen Vorgang jederzeit ermöglichen kann. Es ist logisch klar, daß man sich die veränderten Bedingungen, die hier durch das Licht dem Auge geboten werden, nur aus dem Licht in das Auge übertragen zu denken braucht, um dem räumlichen Hellsehen sehr nahezukommen und es nicht mehr als so unwahrscheinlich zu empfinden, wie man es sich früher vor Erfindung dieser technischen Parallelen vielleicht denken mochte. Swedenborgs zweites Gesicht, das „secundum visus", bezieht sich meist auf räumliches Hellsehen in seinen bekannteren Beispielen. Auch Schopenhauer hat in seinen Parerga und Paralipomena im Kapitel „Über das Geistersehen und was damit zusammenhängt" noch heute lesenswerte Untersuchungen darüber angestellt. Eine Reihe solcher Beispiele räumlichen Hellsehens führt auch Flammarion bei Behandlung der Ahnungen und Träume in seinem von mir schon erwähnten Werk „Rätsel des Seelenlebens" an. Räumliches Hellsehen, wie jede Hellsichtigkeit überhaupt, ist meist nicht willkürlich herstellbar, in der Regel wird es wachgerufen durch irgend einen Anlaß, eine Erregung im Menschen, eine besondere Beschaffenheit des fraglichen Gegenstandes, wie zum Beispiel in Spukhäusern usw. Manche können freilich auch, ohne deswegen immer gleich sicher disponiert zu sein, diesen Zustand der Hellsichtigkeit willkürlich in sich wachrufen. In vielen Fällen angeblichen Hellsehens mag Gedankenübertragung vorliegen oder zum mindesten störend oder fördernd hineinspielen. Das ganze Gebiet ist ja eine schwimmende Grenze für unsere bisherige Forschung.

Uns kann aber vor allem nur die grundsätzliche Frage interessieren, ob es eine hellsichtige Wahrnehmung unter Ausschluß der Gedankenübertragung gibt, und diese Frage muß restlos bejaht werden. Ich besuchte einmal in Berlin eine Hellseherin, die mich nicht kannte und nichts von mir wußte. Sie empfing mich zwar, lehnte es aber gleich darauf ab, mir irgend etwas zu sagen. Sie begründete das damit, daß sie angeblich mit mir keine Fühlung gewinnen könne, weil sie sonst bei allen Menschen eine bestimmte Wahrnehmung vor allen anderen habe, die ihr anzeige, daß sie etwas von dem Betreffenden hellsichtig schauen könne, und dies ihr sonst gewohnte Bild sei bei mir, zum ersten Male in ihrem Leben, ein schwankendes. Sie sähe nämlich stets bei jedem Menschen einen Baum mit zwölf Ästen und an einem der Äste hinge die Wage seines Lebens, um anzuzeigen, daß er in diesem Monat geboren sei. Es ist überflüssig, auf diese Symbolik des Bildes näher einzugehen. Bei mir vermochte sie nun keinen Geburtstag anzugeben — ich sei im Februar geboren und doch nicht im Februar, im März und doch nicht im März. Ich gab ihr die Erklärung, daß ich zur Zeit meiner Geburt im Gebiet russischer Staatszugehörigkeit geboren sei und also nach dem damals geltenden alten Stil im Februar und nach dem neuen Stil im März. Immerhin eine merkwürdige hellsichtige Wahrnehmung beim ersten Erblicken eines Menschen. Wie wenig der Raum für solch ein geistiges Schauen bedeutet, mag Ihnen ein anderes Beispiel klar machen, das eine mir bekannte Dame mit der gleichen Hellseherin erlebte. Die Dame hatte die Hellseherin, eine einfache Frau ohne besondere Bildung, eigentlich mit einem gewissen Hochmut aufgesucht, mit dem Wunsch, die Belanglosigkeit dieser Fähigkeiten nachzuweisen, nicht, etwas ihr persönlich oder wissenschaftlich Wichtiges zu erfahren. Die Frau sagte der Dame ihre Gesinnung auch sofort unverblümt und nicht sehr schmeichelhaft auf den Kopf zu und meinte, sie würde sich dafür nun den Spaß machen, ihre Wohnung zu besuchen und zu schildern. Tatsächlich beschrieb die Frau die ihr völlig fremde Wohnung mit allen Einzelheiten der zahlreichen Räume, gab die Lage der Zimmer, den Charakter der Möbel an und machte sogar zwei Momente namhaft, die in Berlin sehr selten sind und auf bloßes Erraten hin wohl kaum auf eine Wohnung zutreffen würden: sehr viele Wandschränke, wie man sie zum Beispiel in den französischen Häusern findet, und die nächste Nähe eines Sees. Jede dieser Einzelheiten traf zu, und zum Schluß sagte die Frau: „Ich betrete nun ein Zimmer, das an einen Wintergarten stößt, es enthält helle Damenmöbel und ist offenbar Ihr Zimmer. In der Mitte ist ein Schreibtisch. Sie sitzen oft davor und vermögen dort nur schwer Ihre Gedanken zu sammeln. Das liegt daran, daß eine Photographie auf dem Tisch steht, die einen alten Mann mit langem Bart vorstellt. Dieser Mann hat sehr viel im Leben erreicht, aber lange nicht alles, was er erhofft hatte, er hatte so weitgehende Pläne wie wenige. Diese Unerfülltheit gibt ihm etwas Unbefriedigtes, und es stört Sie unbewußt, daß sich das in dem Bilde ausprägt. Ich rate Ihnen, dieses Bild von Ihrem Tisch zu entfernen." Auch hier stimmte jede Einzelheit, und das Bild war das Lionardos da Vinci, von dessen Schaffen und Schicksal diese Frau keine Ahnung hatte.

Auch hier, wie auf allen Gebieten des Okkultismus, die wir bisher betreten haben, muß ich mich darauf beschränken, Ihnen einige charakteristische Beispiele herauszugreifen und Sie im übrigen auf eigenes Studium von Quellen und Material verweisen, wenn es Sie interessiert, selbst weiter zu forschen. Ich will beim räumlichen Hellsehen nur noch erwähnen, daß meist auch Kinder und Tiere hellsichtig sind. Kinder nehmen sehr viel mehr wahr, als Erwachsene, deren feinere Empfindung durch Verstandesdenken und einseitig praktische Gesinnung vergröbert und verschleiert worden ist. Man hört nur meist nicht hin auf das, was Kinder sagen und was doch vielfach gescheiter und interessanter ist, als das, was ihnen darauf sehr von oben herab geantwortet wird. Bei Tieren sind gleichfalls Beobachtungen gemacht worden, die fraglos auf Hellsichtigkeit hinweisen. Oft scheuen Pferde an Stellen, an denen irgend etwas geschehen ist, dessen Reste vielleicht noch wahrnehmbar für ein feineres Empfinden erscheinen können, Hunde heulen meist aus gleichen Anlässen und zeigen Furcht, wo sie sonst sogar sehr wachsam und nichts weniger als feige sind. Das trifft auch nach meinen Erfahrungen zu, die gerade bei Tieren sehr reichhaltig sind durch mein langes und nahestehendes Zusammenleben mit ihnen. Besonders bei sogenannten Spukhäusern wird man das beobachten können. Auch erkennen Tiere sehr häufig schon aus einiger Entfernung, ob ihnen die betreffenden Menschen gut gesinnt sind oder nicht, ohne daß erst eine nähere Berührung nötig wäre, die ihr Urteil vielleicht aus einer sympathischen magnetischen Beschaffenheit herleitet. Es handelt sich dabei wohl um ein hellsichtiges Erkennen der feinstofflichen Beschaffenheit des Menschen, die in ihrem Charakter und den sich darin offenbarenden Eigenschaften auch jedem Hellseher deutlich wahrnehmbar ist. Es würde manchen Leuten unheimlich werden, wenn sie ahnten, wie genau man sie unter Umständen zu durchschauen vermag.

Ich möchte nun zu dem für uns eigentlich sehr viel wichtigeren und in seinen Folgerungen auch weit interessanteren Gebiet des zeitlichen Hellsehens übergehen, das, ohne ähnliche Analogien im physischen Leben, uns schwerer faßbar erscheint und gleichzeitig das vielumstrittene Problem der Prophetie in sich einschließt. Es handelt sich hier um Wahrnehmung von Bildern, in denen gleichsam Vergangenheit, Gegenwart und Zukunft der einzelnen Menschen und der ganzen Menschheit leben, um eine Aufhebung dessen, was wir Zeit nennen, wie im räumlichen Hellsehen der Raum aufgehoben wird. Einem höheren Hellsehen erscheint naturgemäß die ganze Geschichte, die man sonst aus sehr verschiedenen und meist sehr einseitigen Gesichtswinkeln betrachtet, völlig anders. Man wird vielleicht hier als Ursprung der französischen Revolution in ihren günstigen Auswirkungen Rousseau erblicken, man wird sehen, welche Werte Jakob Böhme in das Geschehen der Menschheit brachte im Vergleich zu anderen Ereignissen, die, mehr plumper und greifbarer Art, als geschichtlich wichtiger angesehen werden. Mehr noch als vieles andere, das der Verstand allein aufgezeichnet, erweist sich das, was man Geschichte nennt, als mehr oder weniger bewußt gefärbte Täuschung, wenn man einen Einblick in übersinnliche Ursachen und übersinnliches Geschehen erhält. Daß die Prophetie im Altertum bereits eine große Rolle gespielt hat, wissen Sie ja aus dem Alten Testament und aus der Geschichte. In erster Linie werden viele von Ihnen an die zweifelhaften Prophezeiungen denken, an die irreführenden, die eher eine diplomatische Begabung der Priester als ihre hellsichtigen Fähigkeiten erweisen. Ich brauche nur an die bekannte Prophezeiung zu erinnern, die das Delphische Orakel Krösus gab, indem es ihm sagte, er werde, wenn er den Halys überschreite, ein großes Reich zerstören, oder an das ebenso doppelsinnige, von Cicero überlieferte und dem Pyrrhus bestimmte Apollinische Orakel: „Ajo te, Aeacida, romanos vincere posse." In beiden Fällen sind beide Möglichkeiten in der Fassung der Sprüche enthalten, nämlich daß Krösus sein eigenes oder ein anderes großes Reich zerstören und daß Pyrrhus die Römer besiegen oder von ihnen besiegt werden würde. Diese Fälle priesterlicher Geschicklichkeit und feldherrlicher Ungeschicklichkeit sind für unser Gebiet natürlich ganz belanglos. Uns interessieren nur wirklich erwiesene Prophezeiungen, was zum Beispiel beim Alten Testament in der Regel bei richtiger Deutung zutreffen dürfte.

Um aber bei dem Ihnen näherliegenden Feld der Geschichte zu bleiben, will ich gleich vorausschicken, daß es eine unumstößliche Tatsache ist, daß es fast kein großes Ereignis der Weltgeschichte gibt, das nicht vorher in Form irgend einer Vorhersage vorausgeschaut und vorausgesagt worden wäre. Es ist das Verdienst des bekannten Historikers Dr. Max Kemmerich, der auch auf verwandten Gebieten viel Mut und Geist bewiesen hat, auf diese Tatsache zuerst an der Hand eines nicht mehr anzweifelbaren Materials hingewiesen zu haben. In seinem Buch „Prophezeiungen" (Haus Lho<i>b</i>ky Verlag) bringt er eine reiche Fülle vorzüglich beglaubigter, von ihm selbst nachgeprüfter Prophezeiungen. Nun mögen manche einwenden, es sei vielleicht gar nicht so schwer, große politische Ereignisse aus einer gewissen Kausalität heraus vorherzusagen, am meisten pflegen ja gerade diejenigen das zu glauben, die stets alles vorausgewußt haben, wenn es erst eingetroffen ist, und die bekanntlich nicht gerade zu den interessantesten Zeitgenossen zu gehören pflegen. Dieser Einwand, in seltenen Fällen nicht ganz unberechtigt, wird aber sofort hinfällig, wenn nachgewiesen wird, daß es sich bei wirklichen Prophezeiungen um solche mit genauesten Einzelheiten handelt und meist auch um solche, für die irgend eine Ursächlichkeit, die geistreiche Folgerungen erlaubte, nicht vorliegt.

Ich will, um gerade diese Einzelheiten der Prophetie zu beleuchten, gleich am Anfang eine Persönlichkeit herausgreifen, die wohl das erstaunlichste prophetische Phänomen der uns bekannten historischen Zeiten gewesen ist, Michael Nostradamus. Michel de Notredame, einer ehemals jüdischen Familie entstammend, wurde am 14. Dezember 1503 zu St. Remy in der Provence geboren, zeichnete sich besonders durch seine ärztliche Tätigkeit während der großen Pest des Jahres 1546 aus und starb nach einem bewegten und an Studien und Reisen reichen Leben am 2. Juli 1566 zu Salon. Hier entstanden auch seine sogenannten Quatrains, in Centurien geordnet, die Prophezeiungen bis in die Jetztzeit

136

und weit darüber hinaus enthalten und in ihrer Form mehrfach, aus Furcht vor Feinden, verändert oder verschleiert wurden. Die erste Ausgabe der Centuries des Nostradamus erschien 1558 zu Lyon. Es sei hier gleich bemerkt, daß ein Teil der heute wieder bekannt gewordenen Quatrains des Nostradamus nachträgliche Fälschungen sind, die ihm später zugeschrieben wurden. Nostradamus hat zweifellos fast alle großen kommenden Weltereignisse vorausgesehen, und ich empfehle jedem, der sich näher über diese äußerst interessante Persönlichkeit und ihre seltsame Gabe unterrichten will, das Studium des Kemmerichschen Buches. Ich will daraus nur einige Beispiele herausgreifen, um Ihnen einen Begriff davon zu geben, was man unter einer wirklichen Prophezeiung zu verstehen hat und wie fern eine solche in all ihren Einzelheiten einem nur erratenden spekulativen Denken steht. Der 18. Quatrain der IX. Centurie lautet, in der Fassung des damaligen Französisch:

> „Le lys Dauffois portera dans Nanci
> Jusques en Flandres electeur de l'Empire;
> Neusve obturée au grand Montmorency,
> Hors lieux prouvés delivré à clere peyne."

Kemmerich übersetzt mit Pelletier (I, p. 113): „Die Lilie des (bisherigen) Dauphin (die Lilie war bekanntlich das Wappen der Bourbons; Dauffois ist Synkope für Dauphinois = Dauphin) wird nach Nancy kommen und wird bis nach Flandern einen Kurfürsten des Reiches unterstützen (portera = supportera). Neues Gefängnis (obturée lateinisch = obturare, einsperren) dem großen Montmorency. Außerhalb des dazu bestimmten Ortes (prouvés

für approuvés) wird er ausgeliefert werden dem Clerepeyne (oder: einer berühmten Strafe). Alle angegebenen
Daten, führt Kemmerich weiter aus, passen auf Ludwig XIII. Er drang mit seinen Truppen 1633 in Nancy
ein und 1635 weiter bis nach Flandern vor, um die Sache
des Kurfürsten von Trier, der 1635 in spanische Ge-
fangenschaft geraten war, zu unterstützen. Und zwar
war diese Gefangennahme Anlaß der Kriegserklärung,
und Ludwig belagerte Löwen in Flandern. Etwa um die
gleiche Zeit, im Jahre 1632, wurde Heinrich II. Montmorency wegen Rebellion gegen seinen Herrn, Ludwig XIII., im neu erbauten Gefängnis des Rathauses in
Toulouse eingesperrt (neusve obturée). Darauf wurde
er einem Soldaten namens Clerepeyne übergeben, der
ihn am 30. Oktober 1632 enthauptete und zwar nicht an
dem sonst dafür bestimmten Orte (hors lieux prouvés)
— das wäre der Stadtplatz, place du Salin in Toulouse,
gewesen — sondern, als Gnade, im verschlossenen
Hofe des Rathauses. Auch die Ablösung des Henkers
durch einen Soldaten war eine von der Familie Montmorency erwirkte Gnade. Zugetroffen sind also in diesem Quatrain: 1. Der Name Dauphin, da Ludwig XIII.
seit einem Jahrhundert, das heißt seit dem Jahre 1566,
als die IX. Centurie erschien, der erste König von Frankreich war, der vor seiner Thronbesteigung diesen Titel
geführt hatte. 2. Die Ortsnamen Nancy, das der König
eroberte, und Flandern, in das er eindrang. 3. Die Person des Kurfürsten, der den Krieg verursacht hatte.
4. Der Name Montmorency, mit dessen Tode die Haupt-
linie des uralten Geschlechtes erlosch und der mit Recht
‚der Große‘ heißt; denn mit 17 Jahren war er bereits

138

Admiral, zeichnete sich bei der Eroberung von La Ro-
chelle aus und setzte 1630 den Grafen Doria gefangen.
5. Der Name des hinrichtenden Soldaten Clerepeyne.
Endlich die Nebenumstände als: Neubau des Rathauses,
die Hinrichtung außerhalb der Richtstätte, und zwar nicht
durch Henkershand, sondern durch einen Soldaten, dessen Name übrigens auch gleichzeitig eine Bezeichnung
der Strafe in sich schließt." Dieser Beweis, einer von
vielen, soll Ihnen klarmachen, daß nicht nur Namen und
Ereignisse vorausgeschaut werden können, sondern
sogar alle ihre kleinsten und scheinbar nebensächlichen
Einzelheiten und Begleiterscheinungen.

Ich will nun von Nostradamus noch ein weiteres Beispiel heranziehen, das, ebenfalls sehr charakteristisch
für die Art der Abfassung und Einkleidung seiner Quatrains, Ihnen zeigen wird, daß dieser phänomenale Hellseher auch genaueste Zeitangaben zu machen imstande
war. Ein der X. Centurie angehängter Quatrain der Ausgabe von 1605 lautet:

„Quand le fourchu sera soustenu de deux paux,
Avec six demi-corps, et six sizeaux ouvers,
Le très puissant Seigneur, héritier des crapaux,
Alors subjuguera sous soy tout l'univers."

Zu deutsch: Wenn die Gabel unterstützt sein wird von
zwei Pfählen (paux ist Plural von pal = pieu), mit sechs
Halbhörnern (corps ist Schreibfehler statt cors) und
sechs offenen Scheren, dann wird der sehr mächtige
Herr, Erbe der Kröten, sich unterwerfen das ganze Reich.
Das klingt unsinnig, ergibt aber nach Le Pelletiers Auf-
lösung eine genaue Zeitangabe. Der Buchstabe V kann

sehr wohl als Gabel bezeichnet werden. Dann entsteht, wenn wir in der Bildsprache fortfahren, durch Unterstützung des V mit je einem Pfahl an der Seite der Buchstabe M. Der Zahlenwert dieses lateinischen M aber ist 1000. Ein Halbhorn, das heißt die Hälfte eines Jagdhornes, bildet ein C, dessen Zahlenwert 100 entspricht. Ein Paar geöffnete Scheren bildet ein X mit dem Zahlenwert 10. Dann erhalten wir ein M, sechs C und sechs X zusammenschreibend, also MCCCCCCXXXXXX, die Jahreszahl 1660. — Die Kröte war das Wappentier der ersten Merowinger, das erst unter den späteren durch die Lilie ersetzt wurde. Es handelt sich also um einen König von Frankreich und zwar um einen sehr mächtigen, Ludwig XIV. Dann aber heißt die Prophezeiung: im Jahre 1660 wird der sehr mächtige Herrscher, Erbe des merowingischen Wappens, unter sein persönliches Regiment sein ganzes Reich bringen. Und diese Prophezeiung stimmt. Denn nach dem Tode des allmächtigen Kardinals Mazarin, am 9. März 1661, ergriff tatsächlich der Sonnenkönig die Zügel der Regierung mit der Energie, die ihn in der Geschichte als Prototyp des absoluten Monarchen fortleben läßt.

Vielleicht werden auch hier manche einwenden, es sei eine sehr ausgeklügelte Deutung, wenn auch mit erstaunlichem Resultat. Aber auch dafür, daß Nostradamus in der Lage war, eine Jahreszahl deutlich und unverschleiert vorauszusagen, haben wir Belege. Wie schon gesagt, hat er ja meist mit Absicht seine Quatrains verdunkelt, aber ein einziges Mal macht er eine Ausnahme, und zwar in einem Briefe an Heinrich II., den er als Widmung der zweiten Sammlung seiner Centuries vorausschickt und der vom 27. Juni 1558 datiert ist. Hier finden wir neben einer Zusammenstellung der wichtigsten und sensationellsten Ereignisse auch genaue Zahlenangaben. Es heißt darin: „Und dann wird der Anfang sein, versteht sich, von dem was dauern wird, und in diesem Jahre wird beginnend eine größere Verfolgung der christlichen Kirche stattfinden, wie die in Afrika war, und ebenso lange dauern; im gleichen Jahre 1792 wird man glauben eine neue Zeitrechnung einzuführen." Die Kirchenverfolgung der französischen Revolution ist bekannt, wie auch ihr alberner Kult mit einer Göttin der Vernunft, und der neue Kalender begann seine Zeitrechnung mit der Herbstnachtgleiche am 22. September 1792 um Mitternacht. Sehr treffend ist auch der Ausdruck, daß man glauben wird, eine neue Zeitrechnung einzuführen, denn die Herrschaft dieses Kalenders war von sehr kurzer Dauer.

Ich denke nun, Ihnen einen genügenden Einblick und Beweis dessen gegeben zu haben, was man unter Prophetie, unter zeitlichem Hellsehen versteht. Ich griff zu diesem Zweck die Prophetien des Nostradamus heraus, als des größten prophetischen Phänomens, das unserer Nachprüfung zugänglich ist. Damit ist nicht gesagt, daß er das einzige war, vor ihm und nach ihm gibt es viele Namen und zahllose Beispiele, die das gleiche verbürgen. Die bekannten Prophezeiungen des Cazotte über die französische Revolution möchte ich hier übergehen, sie werden, wenn auch kaum mit wesentlichem Recht, vielfach angezweifelt, und mir liegt daran, Ihnen ein zweifelsfreies Material zu unterbreiten. Für mich sind Cazottes Aussagen durchaus wahrscheinlich, wenn sie auch vielleicht später ein wenig ausgeschmückt wurden, denn für mein Denken und meine Erfahrung ist zeitliches Hellsehen nichts Erstaunliches, sondern etwas ganz Selbstverständliches.

Aber auch aus der allerletzten, neuesten Zeit kann ich Ihnen von den vielen Beispielen solcher Fähigkeit eines herausgreifen, das völlig verbürgt und nachprüfbar in bezug auf seine Entstehungstermine ist, nämlich die Prophezeiungen der Madame de Ferriem, die sie in ihrem Buche „Mein geistiges Schauen in die Zukunft" teilweise niedergelegt hat und die ebenfalls von Dr. Max Kemmerich sorgfältig untersucht wurden. Madame de Ferriem ist übrigens keine Französin, sondern eine Berlinerin, und der fragliche Name ist ein Pseudonym. Madame de Ferriem hat eine Reihe von Ereignissen der letzten Zeit, den Hafenbrand in Neuyork, die Sturmflut in Swinemünde und vor allem auch mit allen Einzelheiten das Unglück in den Kohlengruben von Brüx-Dux genau vorausgesehen. Sie hat diese Bilder, wie sich an Aufzeichnungen von Zeugen verfolgen läßt, sehr deutlich in einer Art von Trancezustand gesehen und anschaulich geschildert. Es rollt sich also ein vorausbestimmter Vorgang als im Geistigen gleichsam existierend vor einem solchen Schauen ab, so bildhaft wie sein späteres getreues Abbild in der physischen Welt. Als charakteristisch möchte ich einige Stellen aus dem Visionsbericht der Frau Ferriem anführen, die sich auf das Unglück von Brüx-Dux beziehen: „Die ganze Gegend ist so schwarz, es sind lauter kleine Hütten da. Die Leute, die ich sehe, reden eine andere Sprache, auch verschiedene Sprachen, alles durcheinander. Jetzt wird einer herausgebracht, der einen Gurt mit einer blanken Schnalle umhat. Dort ist einer, der hat eine Lampe mit einem Gitter. Es ist ein Kohlenbergwerk. Ich verstehe, was der eine jetzt sagt. Er sagt: ‚Die Ärzte kommen alle aus Brüx' — ach, das ist ein böhmischer Ort. Wie die Männer aussehen, sie sind ganz von Rauch geschwärzt, sind gewiß alle in der Erde erstickt. Mit einem solchen Zug, der eben angekommen, bin ich schon gefahren. Da steht es dran, der kommt doch von Eger. Ja, es ist Böhmen. — Das sind doch wohl Ärzte, die da reiben? Viele haben Binden mit einem Kreuz um die Arme. — Ach, das ist wohl ein Schaffner, der da steht? Ich höre, was er sagt: ‚In den Kohlengruben von Dux,' sagt er; aber ich lese doch Brüx. Der da hat's an der Binde." Dieser Visionsbericht, in dem Hellsehen und Hellhören, wie übrigens meistens, zusammen auftritt, ist vor Eintreffen der Prophezeiung veröffentlicht worden.

Erwähnen möchte ich, daß die größte Zahl derartiger Gesichte tragischer Natur ist — kein Wunder, da ja auch das Leben überwiegend tragisch ist und besonders dasjenige solcher Menschen, die irgendwie Führung oder Stellung einnehmen und die häufiger vielleicht als andere Gegenstand solcher Prophezeiungen sein werden. Aufmerksam machen möchte ich auch darauf, daß selbst bei sehr genauen Voraussagen, die sonst alle Einzelheiten in einer oft erstaunlichen Weise enthalten, Personen und deren Kleidung in jeder Kleinigkeit zu schildern vermögen, die Zeitangaben stets mit größter Vorsicht aufzunehmen sind. Das Bild ist Vorbild eines einmal im Physischen sich realisierenden Bildes, die Zeit aber ist eine Relation, etwas, was im Übersinnlichen, wie wir schon mehrfach, zum Beispiel auch bei den Träumen, sahen, ein anderes Empfindungsmaß hat als im Rahmen der körperlichen Sinne. So genaue Zeitangaben, wie die von Nostradamus genannten, sind Ausnahmen. Im allgemeinen wird der Zeitpunkt eines Ereignisses mehr empfunden als gesehen, oder er wird je nach Schärfe und Deutlichkeit, sozusagen nach der Nähe des Bildes eingeschätzt, so daß stets ein sehr dehnbarer Spielraum übrig bleibt. Etwas anderes ist es, wenn im Bilde selbst Anhaltspunkte für die Zeit vorhanden sind, allgemeine, wie beispielsweise die Jahreszeit nach dem Aussehen der Bäume, oder aber ganz besondere. Für letzteren Fall ist mir die Prophezeiung einer Hellseherin erinnerlich, die sich auf den Tod einer bayerischen Prinzessin bezog. Die Frau sah das Bild des in der Kirche aufgebahrten Sarges und las auf der Schleife eines der den Sarkophag schmückenden Kränze das Datum des Todestages. Dieses Datum stimmte genau, nur folgerte die Hellseherin insofern falsch, als sie von diesem Bilde auf das Ableben einer damals gerade erkrankten Prinzessin des bayerischen Hauses schloß. Tatsächlich starb eine andere, aber genau an dem vorausgesehenen Tage, so daß hier eine völlig richtige Wahrnehmung mit genauer Zeitbestimmung vorliegt, aber mit einer falschen und lediglich mit dem Verstande gezogenen Folgerung.

Außer diesen nachträglich einsetzenden Folgerungen, die mit dem Bilde nichts mehr zu tun haben, werden hellsichtige Wahrnehmungen auch häufig getrübt oder beeinflußt durch persönliche Wünsche und Gefühle, die mehr oder weniger bewußt in das hellsichtige Schauen

144

sich einmischen. Das trifft besonders auf alle politischen Prophezeiungen in hohem Grade zu, und zwar um so mehr, je näher sie den Ereignissen stehen und je mehr die Betreffenden nationale Empfindungen hinzutun oder doch zum mindesten sich nicht von ihnen freimachen können. So beeinflußt sind die meisten Prophezeiungen kurz vor dem Weltkriege oder während seines Verlaufes, darunter auch die von der französischen Seherin Madame de Thèbes, die freilich auch eine ganze Reihe sehr treffender und interessanter Voraussagen gemacht hat. Darum sind im allgemeinen diejenigen politischen Prophezeiungen vorzuziehen, die lange zurückliegen und eine Verkettung mit der persönlichen Gefühlswelt des Hellsichtigen möglichst ausschließen. Nennen möchte ich an dieser Stelle auch die sehr merkwürdigen Voraussagen des Jakob Lorber, der in den vierziger Jahren des vorigen Jahrhunderts den Weltkrieg und die kommende Kulturkatastrophe mit ziemlicher Genauigkeit angegeben hat, abgesehen von allerlei in religiöser Hinsicht recht interessanten Daten. Auch Jakob Böhme gründete ja bekanntlich seine Werke auf ein hellsichtiges Schauen, auf Gesichte, die Größeres enthalten, als man heute anzunehmen geneigt ist. So genau manche Prophezeiungen den Weltkrieg und seine Folgen mit ziemlicher Übereinstimmung auch schildern, so finden sich verhältnismäßig wenig Angaben darüber, was nach jener Weltrevolution eigentlich kommen solle. Meist sind es Hinweise auf eine neue höhere Kultur, die dem Tausendjährigen Reiche verwandt ist, deren Herbeiführung und Zeitpunkt aber sehr widersprechend angegeben werden. Es scheint, wohl mit Recht, daß hier am Angelpunkt einer Kulturwende, der menschlichen Willensmöglichkeit weiterer Spielraum als bisher gelassen ist, daß man beschleunigen oder verzögern, verbessern oder verschlechtern könne. Es dürfte wohl auch kaum ein Ereignis seit dem Untergang der Atlantis, der uns ja historisch nicht faßbar ist, mit der heutigen noch lange nicht beendeten Katastrophe der Menschheit zu vergleichen sein. Dies ist auch meiner Ansicht nach der Grund, warum die sonst sehr geistreichen Untersuchungen von Kemmerich und Stromer von Reichenbach über den internen und externen Parallelismus in der Weltgeschichte nur in zweiter Linie sich erfüllen dürften, mehr als Rahmen wie als Entscheidung, mehr als Nebenerscheinung des Hauptbildes, dessen Konturen in ihrem kaum faßbaren Ausmaß noch nicht feststehen.

Ich erwähnte schon die Prophetie des Altertums, das Orakel von Delphi, die römischen Auguren und die heidnischen Priester und Priesterinnen. Bei allen liegt, wenn es sich nicht, wie in sehr vielen Fällen, um bewußten Betrug handelt, ein mehr oder weniger ausgeprägtes Hellsehen vor. Die Weissagungen der Bibel, der Mythologie, beruhen auf hellsichtigen Wahrnehmungen großer Eingeweihter und geistiger Führer, die ihre Voraussagen in Bilder kleideten, die, wenn auch nicht immer jedem verständlich, meist tiefe Geheimnisse und Erkenntnisse bergen. Im Mittelalter ist auch dieser Zweig des Okkultismus immer mehr korrumpiert und einem abergläubischen Chaos zugetrieben worden, gegen das als einzig mögliche Reaktion der Rationalismus entstehen mußte.

Das ändert natürlich nichts an der Tatsache der

Prophetie als solcher und der Forderung des Tages, nun wieder die Denkfehler des Rationalismus abzulegen, die einmal eine vorübergehende Notwendigkeit waren.

In meinen früheren Vorträgen, bei Erklärung der niederen Magie, nannte ich unter anderem auch die niedermagischen Verrichtungen, die sich auf das Hellsehen gründen, zum Beispiel das Kartenschlagen, die Kataptromantie, die Daktylomantie und ähnliche. Beim Kartenschlagen sowohl wie beim Wahrsagen aus dem Spiegel oder dem polierten Fingernagel, beim Prophezeien aus dem Kaffeesatz und anderen oft komischen Manipulationen spielen die betreffenden Gegenstände eine sehr untergeordnete Rolle. Sie dienen kaum zu mehr, als zu einem gewohnheitsmäßigen Wachrufen gewisser, oft nur sehr schwacher gradweiser Hellsichtigkeit, die den Vertretern dieser zweifelhaften Künste oft gar nicht einmal deutlich bewußt ist. Es erübrigt sich wohl zu sagen, daß man mit den Äußerungen so geringer Anlagen von Hellsichtigkeit mehr als zurückhaltend umgehen muß. Manchmal setzen einen freilich auch solche Pythien in Erstaunen, und man erwartet hinter ihren primitiven Mitteln nicht einen so erheblichen Grad von hellsichtiger Begabung. Übrigens ist eine solche in Familien und Völkerstämmen oft erblich, zum Beispiel bei den Zigeunern. Häufig findet sich das sogenannte zweite Gesicht auch im Norden, besonders an der Küste, wo das viele Hinstarren auf den glänzenden Seespiegel ähnliche Wirkungen hervorrufen kann, wie das Schauen in den Kristall, das Fixieren polierter Flächen usw. Die Chiromantie oder Handlesekunst und noch weit mehr die Graphologie und ihre Schwestern, die Phrenologie

147

und Physiognomik, fußen freilich auf einem realeren System und haben ihre sehr fein ausgebildeten Methoden. Ich habe aber auch hier die Beobachtung gemacht, daß niemand auf diesen Feldern Wesentliches zu leisten vermag, bei dem nicht zu den faßbaren Kenntnissen eine nicht faßbare Kombinationsgabe hinzutritt, die in ihrem rein intuitiven Charakter an Hellsichtigkeit grenzt.

Ich sprach schon über den Doppelsinn der Orakel und nannte Ihnen die bekannten Beispiele des Krösus und Pyrrhus, die zweifellos auf einem Betrug oder zum mindesten auf betrügerischer Vorsicht der Priester beruhten. Solche unlauteren Beweggründe brauchen aber keineswegs immer bei jedem doppelsinnigen Orakelspruch vorzuliegen, zum Beispiel meines Erachtens kaum bei der Prophezeiung, die Julian Apostata gegeben wurde, als man ihm sagte, er würde sterben in phrygischer Gegend. Er starb nicht in Phrygien, sondern auf dem Feldzug bei Ktesiphon 363. Die Umgebung eines kleinen Dorfes dort aber hieß die phrygische Gegend. Eine ähnliche Doppelsinnigkeit kommt öfters vor, und es liegt vielfach an dem persönlichen Wunschleben oder den Gedanken des Betreffenden, wenn er sie in seiner Weise anders deutet, als sie gemeint ist.

Zum Schluß will ich Ihnen noch ein überaus interessantes Beispiel anführen für die Unvermeidlichkeit eines Geschehens, für die Unentrinnbarkeit einem Schicksal gegenüber. Ich entnehme die Daten dem schon erwähnten Buche von Flammarion, „Rätsel des Seelenlebens". Flammarion zitiert nach den „Annales psychiques", 1896, p. 237: „Herrn X. wurde von einer Kartenschlägerin gesagt, er würde an einem Schlangenbiß sterben. X. war Administrator und hatte immer einen Posten auf der Insel Martinique ausgeschlagen, weil dort viele gefährliche Schlangen vorkommen. Endlich schlug ihm Herr B., der Direktor des Innern in Guadeloupe, vor, eine brillante Stellung unter seiner Leitung in dieser Kolonie, die gar keine Schlangen hat, anzunehmen. Herr X. kehrte von seinem Aufenthalt in Guadeloupe nach Frankreich zurück. Das Schiff legte in Martinique an, und Herr X. wagte nicht, auch nur für einige Stunden an Land zu gehen. Wie immer kommen Negerinnen an Bord und bieten Früchte feil. Herr X. greift nach einer Orange im Korb einer Negerin, schreit auf und weiß sofort, daß ihn eine Schlange gebissen hat. Die Negerin stürzt den Korb um und findet die Schlange unter den Blättern, die den Korb verzieren. Einige Stunden nachher war Herr X. eine Leiche."

Sie werden mich nun fragen, wie man sich persönlich zum Hellsehen stellen soll — und ich möchte Ihnen darauf antworten: wie zu allen Gebieten des Okkultismus auch zu diesem wichtigsten: ohne materialistischen Dünkel und ohne mystischen Aberglauben. Ich empfehle niemandem, die Gelegenheiten aufzusuchen, sich von hellsichtigen Personen sein Schicksal sagen zu lassen. Ebensowenig aber würde ich es in einer so ereignisschweren Zeit, wie der heutigen, für richtig halten, einer sich von selbst bietenden Möglichkeit ängstlich auszuweichen, es sei denn, daß man eine deutliche Abneigung davor empfindet, die dann wohl meist eine Warnung des Überbewußtseins sein dürfte. Freilich soll man sich nicht irgendwelche Voraussagen aus billiger Neugier machen lassen. Wird einem nun aber von einem Hellsichtigen etwas gesagt, so ist es eine unerläßliche Bedingung, daß er auch vor allem Ereignisse der Vergangenheit richtig anzugeben vermag, denn die Zukunftsangaben allein können ebensogut nichts als Spielerei oder Betrug sein. Ein Beweis der Hellsichtigkeit ist im persönlichen Falle erst dann erbracht, wenn auch die sofort nachprüfbare Kenntnis der Vergangenheit wenigstens in einzelnen charakteristischen Momenten geboten wird.

Ferner sollte man niemals blind auf solche Aussagen sich verlassen, sein Handeln und Denken nun ganz nach ihnen einrichten. Auch ein Hellseher ist kein Automat und kann sich sehr täuschen, kann indisponiert sein usw. Zudem muß man sich stets vor Augen halten, daß selbst ein hochgradig hellsichtiger Mensch doch nur Teilbilder eines Schicksales beim anderen sehen wird, Bilder, die in ihrer Weise wohl sich erfüllen mögen, die aber sehr wesentlich modifiziert werden können durch andere, die der Hellseher in diesem Augenblick nicht wahrnimmt. Im allgemeinen sind spontan auftretende Gesichte zuverlässiger als wunschgemäß herbeigeführte, doch pflegt auch hier die Eigenart des Hellsehers verschieden zu sein. Ferner sollte man versuchen, so gut als es möglich ist, das geschaute Bild und die Folgerung, die der Hellseher oder man selbst daran knüpft, auseinanderzuhalten, was freilich nicht immer ganz leicht ist. Mir ist ein sehr bezeichnender Fall bekannt, der gerade auf diese Forderung hinweist. Es wurde jemand im Jahre 1912 von einer Hellseherin gesagt, er solle nur ja kein Revolutionär sein, in seinem Leben bestünde die Gefahr, erschossen zu werden, und zwar durch eine Hinrichtung. Der Betreffende war weder Reaktionär noch Revolutionär und änderte seine Ansichten auch in keiner Weise auf diese Warnung hin. Tatsächlich kam er viele Jahre später, im Jahre 1919, in die andauernde Gefahr, in dieser Weise hingerichtet zu werden, und zwar im kommunistischen Terror in Rußland, aber nicht als Revolutionär, sondern als angeblicher Bourgeois. Das Bild war also völlig richtig gesehen, immerhin sehr erstaunlich zu einer Zeit, wo niemand an solche Dinge dachte, aber die Folgerung der Hellseherin war falsch, als sie sich mit einem reinen Verstandesdenken den Vorgang nach der damaligen Lage zu erklären versuchte, wo vielleicht höchstens ein Anarchist von einem solchen Tode bedroht sein konnte. — Unter allen angeführten Gesichtspunkten aber richtig eingeschätzt, kann die Angabe eines Hellsehers zur wertvollen Bereicherung des Horizonts werden — und nur das soll sie sein, keine Willenslähmung.

Hellsichtigkeit ist, wie ich schon sagte, ein Hinaufsteigen ins Geistige, zum Unterschied vom Spiritismus. der das Geistige ins Grobstoffliche hinabzieht. Darum ist auch meist der Hellseher nicht nur der Wahrnehmung, sondern auch dem Charakter nach dem Medium bei weitem überlegen, und man findet unter wirklich guten Hellsehern wohl nur sehr selten minderwertige, unethische Naturen. Man kann auch zum Unterschied von der Medialität in ihrer schroffen Form Hellsichtigkeit keinesfalls als etwas Krankhaftes ansehen, sondern als eine durchaus gesunde, der heutigen Zeit und Entwicklungsepoche nur mehr als früher abhanden gekommene Fähigkeit. Übrigens sind weit mehr Personen auch heute noch hellsichtig, als man in der Regel anzunehmen pflegt.

Bemerkenswert ist auch der fast stets vorhandene feine Takt der Hellsichtigen, mit dem sie, auch wenn sie sonst vielleicht wenig gebildete und sehr einfache Menschen sind, menschliche Schicksale und ihre oft sehr heiklen Einzelheiten behandeln. Es tritt dabei eben der Umstand in Mitwirkung, daß der Hellseher doch gewissermaßen über den Dingen steht, und zudem die irdischen Dinge im Geistigen eine sehr andere Wertung haben, als in dem uns gewohnten Denken. Es kommt auch kaum vor, daß ein Hellseher jemand seinen eigenen Tod oder sonst ein vielleicht zu erschütterndes Ereignis voraussagt. Das findet nur in den sehr seltenen Fällen statt, wenn der Fragende den geistigen Welten näher steht als der physischen, und ihm der Tod nichts Schreckhaftes mehr bedeutet. Einem Hellseher, der das nicht beachtet, soll man mit Recht sehr mißtrauisch begegnen, er wird kaum viel sagen können, denn sein Mangel an Takt über das, was er sagen darf, beweist seine Unsicherheit in der von ihm geschauten und nicht überschauten Welt. Krankhaft ist Hellsehen dann, wenn, was bei Schwächung der Nerven leicht eintritt, die an sich regulierbare Fähigkeit nicht mehr ausgeschaltet werden kann und der Betreffende in den qualvollen Zustand gerät, alles dauernd sehen zu müssen, was um andere Personen sich an Bildern der Vergangenheit oder Zukunft herumspinnt, oder wenn er physische und übersinnliche Realität nicht mehr auseinanderzuhalten vermag, auf der Straße zum Beispiel Personen ausweicht, die niemand sonst wahrnimmt usw. Eine Überspannung der Gabe gefährdet meist die Gesundheit.

Das in einigen engeren Kreisen und Geheimschulen

herangeschulte, methodisch durch Meditationen und ähnliche Übungen erstrebte Hellsehen richtet sich in der Regel nicht mehr auf Vorgänge, die noch im Sinne eines Schicksals mit der Welt irdischer Begierden, Leiden und Freuden verbunden sind. Es soll vielmehr in erster Linie die Wahrnehmung der geistigen Welt als solcher zur Gewohnheit machen und ihre Durchdringung immer weiter fördern und ausbilden. Ich erspare es mir, in einem öffentlichen Vortrag näher darauf einzugehen.

Eine Erklärung des Hellsehens kann man, soweit das in großen Zügen überhaupt möglich ist, kurz zusammenfassen: es handelt sich dabei meist um eine Lockerung des Astralleibes vom grobstofflichen physischen Körper oder um eine Tätigkeit übersinnlicher Wahrnehmungsorgane, die in der indischen Esoterik Chakrams oder Räder genannt werden, auch Lotosblumen mit Rücksicht auf ihre Ähnlichkeit mit diesen Formen. Auch hierüber erübrigt es sich, Näheres zu sagen, das jeder selbst finden kann, wenn er will. Nur auf eine sehr charakteristische Seite hellsichtiger Wahrnehmung will ich noch hinweisen. Die Bilder sind meist von großer Schärfe, wie unter der Lupe gesehen, ferner haben sie das Licht meist von innen, aus sich selbst heraus, nicht von außen, wie ein physisches Bild oder eine nur dem Gehirn entstammende Halluzination. Sie sehen zum Beispiel eine Blume hellsichtig so, als wäre sie mit Blättern und Blüten aus grünem und rotem Glase gefertigt, durch das nun im Inneren in sonst dunkler Umgebung eine elektrische Leitung intensivstes Innenlicht strahlen und die Blume in sich und aus sich selbst durchleuchten würde.

Nachdem wir nun die Tatsächlichkeit nicht nur des Hellsehens, sondern auch der Prophetie im weitesten Sinne und bis zu allen Einzelheiten, ja vor allem bis zur Unentrinnbarkeit einem gegebenen und vorausgeschauten Schicksal gegenüber, kennen gelernt haben, erhebt sich die wichtigste, aus diesem Gebiet des Okkultismus sich von selbst aufdrängende Frage, die den Ausgangspunkt meines letzten Vortrages bilden wird: Was ist Schicksal und was ist freier Wille?

SCHICKSAL UND FREIER WILLE
GOTTESBEGRIFF / KULTURWENDE DER
GEGENWART

Wir haben das Hellsehen als vielleicht wichtigste, zum mindesten noch am meisten irrtumsfreie Eingangspforte ins Übersinnliche kennen gelernt, wenn es damit auch keineswegs ohne Einschränkung bereits als ein Erleben der geistigen Welten gelten kann. Wenn man auch die Anfänge oder die schwankenden Grenzen solcher Wahrnehmungen nicht überschätzen soll, so tritt uns aus den zahlreich erwiesenen Fällen einer tatsächlichen Prophetie vor allem die Weltanschauungsfrage entgegen: Was ist Schicksal und was ist freier Wille? Diese schwierige und auf den ersten Blick kaum entwirrbare Frage wird sich wesentlich klarer gestalten, wenn wir uns erst einmal mit den Begriffen von Schicksal und Willensfreiheit etwas näher beschäftigen.

Unter dem Begriff des Schicksals wird nun im üblichen Sinne sehr viel mehr zusammengefaßt, als eigentlich darunter, streng genommen, zu verstehen ist. Man nennt, wenn man überhaupt ein Schicksal gelten läßt, fast alles, was einem Menschen im äußeren Sinne begegnet, sein Schicksal. Das ist aber bei näherer Überlegung kaum zutreffend. Eine große, vielleicht die überwiegende Anzahl solcher Lebensdaten sind keine Schicksale, sondern Anlässe zu Schicksalen — Anlässe, aus denen eine stets verschieden gefärbte Innerlichkeit, eine stets anders getönte Willensrichtung im geistigen Sinne erst ein Schicksal zu formen imstande ist. Wenn zum Beispiel zwei Menschen ins Gefängnis gesperrt werden, ein in der heutigen Zeit ja sehr häufiger Vorgang aus rein politischen Gründen, ist es kein gleiches Schicksal, das sie betroffen, sondern ein gleicher Anlaß, der zwei ganz verschiedene Schicksale auslösen kann. Der eine Gefangene, der sich selbst geistig wenig zu bieten vermag, der vielleicht abhängig ist von allen möglichen, nun schmerzlich entbehrten Gewohnheiten, wird unter Umständen seelisch und körperlich schwer leiden, wird die Haftzeit mit einer dauernden Schädigung beenden — der andere wird vielleicht in der Einsamkeit alle äußere Widerwärtigkeit überwinden und in innerster Kontemplation ein Werk schaffen, das ohne diesen Anlaß kaum entstanden wäre, er wird die Zelle verlassen mit einer Bereicherung seines Lebens. Auch wenn man über den äußeren Anlaß hinausgeht, kann man nicht immer von einem gleichen Schicksal sprechen: eine unglückliche Liebe oder Ehe, eine zerstörte Freundschaft sind, obwohl durchaus Ereignisse innerer Art, noch keineswegs stets gleiche Schicksale, sondern nur gleiche Anlässe zu ganz verschiedenen Schicksalen, je nach Art der fraglichen Personen und der Wertung, die sie den Erlebnissen zu geben vermögen. Wägbare und unwägbare innere und äußere Nebenumstände färben den Anlaß erst zu einem Schicksal, und dem eigenen Willen des Menschen, seiner geistigen und seelischen Kraft ist hier weitester Spielraum und dehnbarste Möglichkeit gelassen.

Damit scheidet ein großer Teil der vorausbestimmten und vorausgesagten Daten im Sinne einer Willensunfreiheit eigentlich aus oder wird zum mindesten sehr wesentlich in seiner Bedeutung eingeschränkt. Von einem Anlaß, der zugleich, dem Willen und der persönlichen Einstellung nicht unterliegend, Schicksal und in zwei Fällen auch gleiches Schicksal sein würde, könnte man zum Beispiel nur sprechen, wenn es sich um den Tod und die Art des Todes handelt, wie das in dem von Flammarion angezogenen Bericht über den vorhergesagten tödlichen Schlangenbiß zutrifft. Hellsichtig wahrgenommen aber werden als Bilder eben doch meist die äußeren Anlässe des Lebens, die, einer bestimmten Kausalität entspringend, in der bestimmten Weise an einen herantreten. Was aus ihnen geformt wird, also das eigentliche Schicksal des Menschen, ist ihm selbst, seinem Willen und seinen Fähigkeiten unterworfen, wenigstens gradweise und in einer überwiegenden Zahl der Fälle. Prophetie ist also keineswegs gleichbedeutend mit völliger Willensunfreiheit der Menschen, wenn man den Begriff des Schicksals auf sein eigentliches Maß begrenzt. Ebenso zu begrenzen ist aber, wenn man eine Gegenüberstellung von Schicksal und Wille anstrebt, anderseits auch der Begriff der Willensfreiheit, der Freiheit überhaupt. Man macht sich von der Freiheit, meist beeinflußt durch politische Vorurteile, keine ganz zutreffende Vorstellung. Frei ist man nur von etwas, von dem man innerlich völlig unabhängig ist. Man kann frei sein vom Alkoholgenuß, vom Fleischgenuß, von irgendwelchen Leidenschaften feinerer oder gröberer Art. In allem anderen ist man nicht frei, wenn man auch äußerlich scheinbar sehr frei zu sein glaubt oder dafür angesehen wird. Inwieweit man im Willen frei ist, ist aber überhaupt

157

kaum zu beantworten, aus dem einfachen Grunde, weil wir wohl meist sehr genau und klar uns selbst oder anderen den Grund unserer jeweiligen Gefühle angeben können, fast niemals aber genau zu begründen vermögen, warum wir in dem Augenblick gerade dies oder das tun wollen. Nur wenn es sich um Befriedigung irgendwelcher Bedürfnisse handelt, können wir den Grund des Willens finden, aber das ist kaum ein Wille im höheren Sinne, mehr ein mechanisiertes Wollen, das mit dem Willen, den wir dem Schicksalsbegriff entgegensetzen, wenig zu tun hat. Es ist nicht freier Wille, mit dem wir eigentlich im gegebenen Falle eine Entscheidung treffen, ein Schicksal aus einem oder mehreren wählbaren Anlässen formen. Freilich gibt es auch einen solchen Willen, einen Eigenwillen, der sich gerade bei der Wahl verschiedener vom Leben gebotener Wege geltend macht, aber kaum jemals wird man genau angeben können, woher eigentlich dieser Wille stammte, jedenfalls nicht annähernd mit der gleichen Deutlichkeit, mit der wir ein Gefühl, eine Empfindung anzugeben und zu begründen vermögen. Im Gegenteil, man wird sehr oft die Beobachtung machen, daß eine Willensäußerung sich im Gegensatz zu der sonst gewohnten Gefühls- oder Geschmacksrichtung des Betreffenden befindet. Dieser Wille, der meist aus den verschiedenen Anlässen einen herauswählt und nun zum Schicksal formt oder die Schicksalsformung im Verein mit anderen Momenten vorbereitet, ist also in der Regel ein aus dem Bewußtsein heraus kaum zu begründender. Er redet und zwingt aus dem Bereich des Unterbewußtseins heraus und ist damit selbst ein Stück Schicksal, keine Freiheit in sich.

Bei solcher Eingrenzung der beiden Begriffe von Schicksal und Willensfreiheit bleibt nun immerhin bestehen, daß eine große und wohl überwiegende Zahl der Anlässe hellsichtig vorausgeschaut werden kann und mit ihnen gleichfalls die Entscheidungen, die der Betroffene im gegebenen Augenblick aus einem in seinem Bewußtsein nicht freien Willen treffen wird. Wenn also auch bei der bezeichneten Einschränkung durchaus erst der höhere geistige Wille des Menschen, sein eigentliches Ich, das Schicksal in Form eines Gesamtresultates formt, so verbleibt doch unbedingt die vorausschaubare an ihn herantretende Tatsache, zu der er sich zu stellen hat, es verbleibt auch vielfach die aus einem unbewußten Willen heraus getroffene Wahl — und diese Momente sind gegebene Daten, die sich als Richtlinien eines Lebens feststellen lassen, mit denen sich der Einzelne auf diese oder jene Weise abzufinden hat. In diesem Sinne gibt es ein Schicksal, gegen das auch der freieste Wille nichts vermag. Wir werden nun aber auch sehr oft, besonders bei weniger ausgesprochenen, weniger starken Persönlichkeiten den Fall finden, daß im Schicksal dieses Sinnes vielleicht zwei, drei oder noch mehr Möglichkeiten gleichzeitig eintreten und einem mehr oder weniger bewußten Willen wählbar werden. So kann man im allgemeinen unter den hellsichtig vorausgeschauten Bildern eines menschlichen Lebens unterscheiden: bei richtiger Einstellung und Warnung ganz vermeidbare Ereignisse, die aber an einen herantreten, ferner Ereignisse, die in gleicher Weise, wenn auch nicht ganz vermeidbar, so doch biegbar sind nach ihrer guten oder schlechten Seite, und schließlich solche Ereignisse, die

unvermeidbar, unbiegbar sind und die wirklich ein unentrinnbares Schicksal oder zum mindesten ein unent-
rinnbarer Anlaß zu einem zu formenden Schicksal sind.
Ich wies ja schon darauf hin, daß ein Hellseher meist
nicht alle Bilder eines Lebens oder einer Persönlichkeit
überschaut, sondern nur einen, wenn auch vielleicht wesentlichen Teil. Immerhin aber ist es ja sehr wahrscheinlich und vielfach wohl auch zutreffend, daß das eine
richtig erschaute Bild durch ein nicht erschautes eine
ganz andere Färbung oder Möglichkeit erhält. So sind
nach den mir bekannt gewordenen Erfahrungen die
meisten hellsichtig erschauten Ereignisse in irgendeiner
Weise biegbar, wenn auch in einem begrenzten Rahmen,
die geringere Zahl der Fälle ist vermeidbar oder unent-
rinnbar. Mit einem solchen Begriff des Schicksals ist
der Begriff der Willensfreiheit, richtig verstanden, sehr
wohl vereinbar — gleichzeitig aber ist deutlich in allem
Geschehen eine vorausbestimmte Richtung zu sehen,
eine Kette von Anlässen, die bei den einzelnen Menschenleben so unendlich verschieden ist, daß man sich
gerade wohl besonders angesichts der ungeheuren
Kämpfe unserer Gegenwart, im Hinblick auf viele soziale
Ungerechtigkeiten und Mißstände fragen muß, wie all
dies scheinbare Chaos mit dem Begriff einer Gerechtigkeit im höheren, ethischen Sinn zu vereinen möglich ist.
Man sieht täglich Menschen von hoher ethischer und
geistiger Artung in schwersten inneren und äußeren
Lebensumständen schaffen, während sehr wertlose und
hohle Existenzen meist ein genußfrohes und unbeküm-
mertes Dasein führen. Bekannt sind ja auch die meist
sehr tragischen Biographien der geistigen Führernatu-

ren, der künstlerisch Schaffenden oder wissenschaftlich Forschenden, Biographien, die jeder gerne in Bequemlichkeit liest, aber sicherlich nur ungern selbst leben würde.

Nun ist in dieser entscheidenden Frage tatsächlich keine Gerechtigkeitsmöglichkeit aufzustellen, als nur in der Weise, daß man das einzelne menschliche Leben in seiner irdischen Zeitspanne nicht allein zur Untersuchung heranzieht, sondern daß man eine Konstanz des Lebens oder, richtiger gesagt, soundsovieler Leben in einer fortlaufenden Kette annimmt, mit anderen Worten, daß man sich auf den Standpunkt der sogenannten Wiederverkörperung oder Reinkarnation stellt. Man versteht darunter die Auffassung, daß das menschliche Ich nicht nur in einem irdischen Leben sich auslebt oder entwickelt, sondern daß es, in den verschiedensten Zeitepochen, mehrmals geboren und mehrmals gestorben ist, also in einer ganzen Zahl von Wiederholungen aus der geistigen Welt durch eine irdische Geburt in die physische hinabgestiegen und aus der physischen Welt in die geistige durch den Tod zurückgeboren wurde. Es ergeben sich also für ein menschliches Leben in seiner dauernden Existenz eine Anzahl von physischen Leben oder Inkarnationen und eine Anzahl von übersinnlichen Leben, von Leben in den geistigen Welten, wobei das Gesamtleben im Geistigen das Gesamtleben im Physischen zeitlich bei weitem übersteigt.

Es ist nun keineswegs unbedingt notwendig, sich diese hellsichtig erforschte Wahrnehmung als nur auf diesem Wege begreiflich vorzustellen. Vielmehr ist es logisch ganz unmöglich, bisher jedenfalls noch niemand gelungen, auf andere Weise eine göttliche Gerechtigkeit in bezug auf die Verschiedenartigkeit menschlicher Existenzen verständlich zu machen. Auch Lessing, der bekanntlich ganz rationalistisch dachte und alles Übersinnliche, wenn auch nicht ausschloß, so doch jedenfalls im Bereich seines Denkens als Beweismittel nicht anerkannte, hat es deutlich ausgesprochen, daß die Lehre der Wiederverkörperung die einzig faßbare und logisch haltbare Möglichkeit für eine Gerechtigkeit im höheren, göttlichen Sinne sein könne. Goethe und viele andere Dichter und Denker haben sich dieser Lehre zugeneigt, auch wenn sie ihnen hellsichtig nicht immer nahegebracht oder erwiesen erschien.

Aus dieser Wiederverkörperungslehre nun ergibt sich ganz von selbst das, was man in dem von uns begrenzten Sinne Schicksal oder, um den üblichen Ausdruck der indischen Esoterik zu brauchen, Karma nennt. Unter Karma versteht man alle die äußeren Anlässe, all das, was unbewußt aus der Willensregion aufsteigt, alles, was die Kette des Lebens bildet, aus der dann die mehr oder weniger innerlich gereinigte und damit befreite menschliche Persönlichkeit, ein Schicksal zu schmieden hat. Karma ist der Begriff des Schicksals, wie er einer hellsichtigen Wahrnehmung im voraus in Bildern erscheint und wie wir ihn bei Untersuchung der Begriffe von Schicksal und Willensfreiheit als das umgrenzt haben, was als gegebenes Schicksal im vermeidbaren, biegbaren oder unbiegbar-unvermeidbaren Sinne vorliegt.

Bei Annahme einer Wiederverkörperungslehre ist es ja auch leicht verständlich, wie solch ein Karma in jedem einzelnen Falle entsteht und entstehen muß. Steigt eine menschliche Persönlichkeit, sein geistiges Ich, zum ersten Male in die Materie herab, so ergeben sich aus dieser Entwicklung Fehler und Vergehungen, wie bei jeder Reibung zweier Verschiedenheiten, und diese Fehler auszulöschen, gutzumachen ist die gegebene Ursächlichkeit im nächsten Leben, aus der sich dann im Zusammenhang mit erstrebten und erreichten Zielen ein neues Karma bildet, das, wiederum ausgelebt, aufs neue Licht und Schatten einem neuen Dasein vorbereitet. So besteht das gesamte Leben aus lauter einzelnen in jedem Einzelleben im Lauf der Evolution begangenen guten oder unguten Handlungen, deren jede sich weiterspinnt, um sich auszuwirken, bis eine Vollkommenheit erreicht ist. Unter diesem Gesetze treffen sich die Menschen, verketten sie ihre jeweiligen Schicksale, ihre Lebensjahre oder Aufgaben miteinander, unter diesem Gesetz noch vorhandener Reibungsflächen sind alle dauernden Verhältnisse, wie Liebe, Ehe und Freundschaft, zu werten. Sie alle unterliegen keineswegs den Gesetzen der Sympathie oder Antipathie, irgendeiner Gleichheit der Seelen oder der geistigen und ethischen Einstellung. Diesen Gesetzen unterworfen ist lediglich die geistige Welt, in der das Gleiche sich zum Gleichen findet und sich ihm feinstofflich verbindet wie Faust und Helena. Im Irdischen herrscht die Täuschung, der von der Leidenschaft, den Begierden geflochtene Schleier der Maja, der Illusion, der die jeweils zur Auslöschung, zur Überwindung einer karmischen Verkettung Verbundenen in einer oft nur vermeintlichen Sympathie zueinander zieht — ein Gesichtspunkt, unter dem die so häufige Haßliebe der Geschlechter, die sexuell gefärbte, oft in Antipathie übergehende Sympathie erklärbar wird. Je weniger gerade dies der Maja am meisten verfallene Moment vorherrscht, um so geringer die Reibungsfläche der karmisch noch Verketteten, daher geringer in Freundschaft, in elterlichem und kindlichem Verhältnis, als in dem, was eine grobstoffliche Welt unter dem Erotischen versteht und was so weit entfernt vom Eros im eigentlichen, frühgriechischen Sinne damaliger Eingeweihter war. Freilich können sich auch in unsexuellen karmischen Verkettungen sehr schroffe Gegensätze auswirken, aber ihre Auswirkung ist meist deutlicher und bewußter, weniger der Täuschung, der Illusion unterworfen.

Natürlich kann hier der Begriff des Karmas nur in großen Zügen angedeutet werden, jeder Fall wird ein Einzelfall sein, und wenn es an sich schon gefährlich und irrtumreich ist, Systeme aufzustellen und zu generalisieren, auf diesen in tiefsten Geheimnissen des Daseins verankerten Fragen ist es weniger als sonst angebracht. So muß man sich unter dem Gesetz des Karmas keinesfalls ein starres, unbeugsam blindes Gesetz denken, sondern eine in unendlicher Vielfältigkeit des irdischen und übersinnlichen Lebens sich zeigende Gesetzmäßigkeit. Gewiß schafft Karma einen Ausgleich, aber keinen im verstandesgemäß-rechnerischen Sinne, und wenn die Fassung dieses karmischen Gesetzes zum Beispiel im Alten Testament mit den Worten „Auge um Auge, Zahn um Zahn" ausgesprochen wird, so ist darunter ein lebensvoller Grundsatz, kein totes und mechanisches Schema zu verstehen. Wie im gewöhnlichen wirtschaftlichen Leben der Reichere eine Schuld leichter zurückzahlen kann, als der Arme oder ganz Mittellose, so wird auch der moralisch und geistig inzwischen reicher Gewordene ein Karma aus einem früheren Leben leichter und unmerklicher löschen können, als derjenige, der im Dasein in den geistigen Welten oder einer späteren irdischen Inkarnation weniger an sich gearbeitet, sich weniger zu einer höheren Stufe entwickelt hat. Nehmen wir an, ich schulde jemand eine Summe im geistig-seelischen Sinne genommen, so macht es einen großen Unterschied, ob ich inzwischen moralisch und geistig ein Millionär oder ein Bettler geworden bin. Hierin liegt keine Ungerechtigkeit, denn die Schwierigkeit, die überwunden, die Mühe, die angewandt werden mußte, ist nicht umgangen, sie ist vollzogen worden vielleicht zu anderen Gelegenheiten, im Dienste einer Allgemeinheit, eines starken ethischen und geistigen Willens. Nicht Äußerlichkeiten, sondern lediglich Arbeit an sich selbst vermögen in diesem Sinne jemand reich oder arm zu machen, so daß er schwer oder unschwer etwas abtragen kann, was ihn karmisch einem anderen verpflichtet. Unbeugsam ist das Gesetz allerdings insofern, als es sich um die gleiche Person handeln muß, mit der einen ein begangener Fehler verbindet, unbeugsam auch insofern, als ein Abtragen der Schuld erfolgen muß. Aber es läßt völlig offen, wie schwer oder leicht man sich durch sonstige Entwicklung und verdienstvolle Handlungen diese Schuldtilgung gestaltet hat. Auch hier ist also dem Ich und seinem höheren Willen weitester Spielraum gelassen. Auch nicht um Schuld und Sühne im niederen Verstandessinne handelt es sich, sondern um höhere Einsicht eigener Verfehlung und damit eines an einem selbst haftenden und aus

Erkenntnis der Evolution heraus zu beseitigenden Mangels.

So wird das jeweilige Schicksal des Einzelnen gleichsam von seinem höheren Willen selbst gewählt, selbst vorgezeichnet in der Erkenntnis seiner Entwicklung, soweit es sich nicht um wenig hochstehende Geister handelt, denen ein solches Karma aus den Resultaten ihrer früheren Leben von Wesenheiten bestimmt wird, auf die ich hier nicht weiter einzugehen brauche, da es sich ja für uns nur um eine Erklärung des Grundsatzes der Wiederverkörperung und des Karmas handelt, nicht um seine einzelnen Spielarten. Aus diesen Gesichtspunkten heraus ist es auch verständlich, daß manches Vorgezeichnete biegbar oder gar vermeidlich wird, wenn man im Laufe noch dieses Lebens sich gewisse Kräfte und Vorzüge angeeignet hat, die eine Auslösung früheren Karmas leichter ermöglichen, als zuerst vorauszusehen war — verständlich wird aber auch, warum manches unvermeidlich selbst bei hoher geistiger Einstellung in diesem Leben ist, warum es unentrinnbares Geschick wird und ausgelebt werden muß. Jedes Leben, jede Inkarnation ist eben gesponnen aus altem und neu gewirktem Karma.

Nun ist ein sehr häufiger und begreiflicher Einwand die Frage, warum man nicht bewußt empfindet, sich klar darüber ist, aus welchem Grunde einen dies oder jenes trifft, warum man nicht stets weiß, wodurch man selbst seine Ursächlichkeit geschaffen hat. Würde das so sein, so würde man tatsächlich nicht mehr dasselbe, zum Beispiel bei einem Unrecht empfinden, das einem zugefügt wird, was der andere, dem man es selbst einmal zugefügt, empfunden hat. Man würde nicht das Gefühl des zu Unrecht Gekränkten oder Geschädigten haben, man würde also nicht das Gleiche durchmachen, wozu man den anderen einmal in einem früheren Leben genötigt hat. Es muß durchaus, um diesen Grundsatz des Karmas aufrecht zu halten, die Verschleierung der Erkenntnis hinzutreten, die Täuschung der Maja, wie sie im irdischen Leben vorliegt. Nur dann kann man ganz das Gleiche empfinden, was einmal der von uns Geschädigte empfand, wenn man nicht weiß oder doch nicht genau weiß, warum es einen trifft. So waltet im einzelnen Menschen ein höherer Wille über dem niederen Willen, der hier im Schleier der Grobstofflichkeit sich auswirkt. Dieser höhere Wille ist Träger des unsterblichen Ichs, und darum läßt sich auch aus dem hier verschleierten niederen Willen eher ein Schicksal erkennen, als ein Bewußtsein begründen. Aus diesem karmischen Gesetz heraus aber kann man es sich auch erklären, warum dem einen gewisse Gefahren, Versuchungen und Krankheiten Schädigungen sein können und der andere durch sie hindurchgeht, als wäre keine Berührungsfläche mehr vorhanden. Irgend ein Ereignis, außer den genau vorausbestimmten, kann eben nur dann stattfinden, gleichsam einhaken, wenn es die karmische Beschaffenheit des Betreffenden noch erlaubt. Darin liegt das Geheimnis der Lanze des Gral, daß sie nur den treffen und verwunden kann, der noch verwundbar ist. Parsifal fängt die von Klingsor, dem Vertreter des schwarzmagischen Prinzips geschleuderte Lanze auf und richtet sie als Waffe gegen den Angreifer. Er ist immun, karmafrei und unverwundbar.

Oft ist auch eingewandt worden, daß man dann ja niemand zu helfen brauche, wenn sein Karma ihm sowieso bestimmt sei. Auch das ist nicht zutreffend. Ohne Hilfe, ohne Liebe im geistigen Sinne gäbe es überhaupt keine Entwicklungsmöglichkeit, auch hierin spielen sich Vorgänge ab, die karmische Ausgleiche sind oder einmal für spätere Leben solche vorbereiten.

In dies persönliche Karma hinein spielen nun freilich auch noch andere Momente, spielen die Schicksale der Rassen-, Völker- und Familienseelen in ihrer bereits einmal geschilderten Gruppenhaftigkeit. Ganz entziehen kann sich dieser Einwirkung niemand, am freiesten wird die stärkste Persönlichkeit von ihnen sein, am unfreiesten.in ihnen die schwächste, woraus sich erklären läßt, daß gerade in der Gegenwart oft in sehr alten Familien schwache, ja vielfach ethisch oder intellektuell minderwertige Persönlichkeiten sich inkarnieren. Jene Gruppenseelen der Rassen, Völker und Familien haben nicht mehr ganz die gleiche Bedeutung wie in früherer Zeit, wo die Menschheitsentwicklung, gruppenhaft geleitet, auf solche Gliederungen angewiesen war. Immer mehr arbeitet sich aus diesem Gruppenhaften das Ich, das persönliche Eigenleben heraus, wie wir es entwickelt sahen in den alten Mysterien. Freilich wird man auch heute die Zugehörigkeit zu einer Rasse, einem Volke, einer Familie keineswegs als unbedeutend ansehen dürfen. Diese Bedeutung ist auch heute noch eine sehr große, aber eine sekundäre vor der primären des Ichs. Wäre das nicht so, könnte man Genies züchten, was bekanntlich nicht möglich ist — im Gegenteil haben alle solche Beobachtungen der Inzucht in alten Familien oder besonderen Rassen Decadence erwiesen.

Trotzdem sind die heute wieder sehr in Aufnahme gekommene Rassenforschung und die daran geknüpften eugenetischen Forderungen von ernster Bedeutung. Es ist sicherlich sehr wichtig, daß man endlich aufhört, kranke Kinder von geschlechtlich verseuchten Eltern zeugen zu lassen, daß man Alkoholiker, Menschen mit verbrecherischen Neigungen von der Fortpflanzung ausschließen will usw. Nicht aber die sich inkarnierenden Geister werden damit anders geschaffen, sondern — eine Frage von größter Tragweite — die irdische Wohnmöglichkeit der an sich nicht erst durch die Zeugung geschaffenen menschlichen Individualitäten wird damit günstig oder ungünstig beeinflußt. Nicht durch eine gute und ausreichende Werkstatt wird ein Handwerker oder Techniker das, was er ist, wohl aber wird damit seine leichtere und größere Schaffensmöglichkeit entschieden. Auch die Artung der Instrumente, die ein Geist braucht, um sich zu betätigen, kann durch Fragen der Rassenhygiene und Familienkunde entschieden werden, nicht aber haben diese Rasse oder jene Familie einen Geist gezeugt, wozu sie keinesfalls imstande waren, schon darum, weil ihnen der in ihrem Rahmen erstandene Geist meist bei weitem überlegen war. Goethe, zum Beispiel, brauchte für sein Schaffen und dessen Artung durchaus das feine Nervensystem, das nur eine Reihe von Generationen hervorbringt, Hebbel konnte in der rein monumentalen Art seiner dichterischen Auswirkung gerade darauf verzichten. Weder Goethe noch Hebbel aber sind irgendwie Resultate ihrer Familien und deren vergangener Generationen. Beide stehen einander näher als ihren Familien oder ihrem Volke, ihrer Rasse. Über die ganze Geschichte der Menschheit hinweg reichen sich die geistigen Bahnbrecher irgendwie die Hände, einerlei welcher Rasse, welchen Volkes und welchen Geschlechts sie waren, sie weisen einen Weg, den die Menschheit langsam und mühsam wandert über die Gruppenhaftigkeit der Rassen und Völker und Familien, die ja alle doch mit jeder Inkarnation wechseln, zu einem durchgeistigten Menschentum, das über diesen Dingen steht, sie überwunden hat, nachdem sie im Rahmen solch schützender Gruppenhaftigkeit ausgereift sind wie das Kind im Schoß der Mutter. Begreiflich, daß gerade das Leben solcher Menschen tragischer als das anderer ist, daß sie eine größere Fremdheit und Einsamkeit in der irdischen Lebensepoche empfinden müssen, daß sie zudem, vom eigenen Karma abgesehen, eine Art von Aufgabenkarma auf sich nehmen müssen, um die jeweils nötigen, ihnen innewohnenden Impulse in der Art in die Menschheit hineinzubringen, daß der Zeitcharakter bei allem Ewigkeitswert gewahrt bleibt, um die Ewigkeitswerte ihrer Zeit verständlich zu machen. Auch das ist nur möglich, wie alles Schaffen, aus dem lebendigen Erleben heraus, aus der Reibung mit dem jeweils durch die bestimmte Kulturepoche gegebenen Grobstofflichen. Hierin und in der Fremdheit dem Grobstofflichen gegenüber liegt die große Tragik im Leben der Schaffenden und Geistigen.

Wenn wir das Gesetz des Karma in dieser Weise betrachten, werden wir auch verstehen lernen, warum so oft Wahlverwandtschaft einem näher steht als Verwandtschaft im irdischen Sinne der Blutsgemeinschaft. In der Wahlverwandtschaft begegnen sich wirkliche, nicht vom Schleier der Maja aus karmischen Gründen nur scheinbar geschaffene Sympathien. Wie häufig begegnen einem Menschen, die man schon lange Jahre zu kennen vermeint, wenn man auch nur wenige Worte mit ihnen gesprochen, und wie fern kann man sich oft mit Personen stehen, die einem in naher Blutsverwandtschaft verbunden sind. Dies Erkennen alter Gemeinschaften aus früheren Leben sollte sehr viel mehr beachtet werden, es wirft ein geistiges Licht auf sonst nur allzu leicht materiell gewertete Geschehnisse.

Anderseits soll man sich hüten, nun über seine eigenen früheren Leben oder über die verschiedenen Inkarnationen anderer nachzugrübeln und nachzuforschen. Meist führen solche gewaltsam herbeigesehnten Erkenntnisse nur zu Selbsttäuschungen, die, oft nichts weiter als lächerlich, doch unter Umständen auch zu falschen Schlüssen und folgenschweren Irrtümern führen können. Es ist sicher reichlich albern, wenn sich Anhänger der Reinkarnationslehre, wie das oft geschieht, allerlei berühmte Namen vom frühesten Altertum an für ihre früheren Erdenleben gewaltsam und sehr willkürlich, einer geistfernen Eitelkeit folgend, heraussuchen. Manchmal aber geben Erlebnisse von in okkulter Hinsicht gar nicht informierten Menschen nicht uninteressante Anhaltspunkte für ihr früheres Leben, seine Zeit oder Örtlichkeit. Manches kann man lernen aus besonderen Sympathien, die jemand für eine Zeitepoche, einen Kunststil hat, manches schließen aus Erinnerungen, die jemand beim Erblicken einer Landschaft, einer neuartigen Gegend als vertraut in sich wachwerden fühlt, ohne es sich erklären zu können. Nicht immer weist das auf dort gehabte frühere Erdenleben hin, sicher aber auf Zusammenhänge ähnlicher Art. Nicht grübeln soll man über diese Fragen und zwecklose Kombinationen erfinden, sondern sich dem Gefühl der Wahrscheinlichkeit dieser Lösung nicht einseitig verschließen, sich vorerst einmal rein theoretisch sagen, was sich Lessing sagte, daß die Wiederverkörperungslehre die einzige Möglichkeit einer Gerechtigkeit im höheren Sinne zuläßt. Nur wenn man das menschliche Dasein über weitere Spannen hinaus zu ergreifen und zu begreifen vermag, kann man einen Ausgleich, eine Harmonie, eine Evolution des Geschehens erblicken. Nicht unerwähnt will ich noch lassen, daß die vergangenen Leben auch in die Träume dazwischen hineinspielen und daß Kinder noch oft eine Erinnerung an solche frühere Existenzen bewahrt haben, nur daß man ihre dahin gerichteten Äußerungen meist nicht beachtet oder verlacht.

Nur mit wenigen Worten kann ich die indische Lehre von der Wiederverkörperung der Menschen in Tierleibern berühren, die vom nicht informierten Europäer häufig allein als Reinkarnationstheorie gewertet wird. Sie ist so wörtlich überhaupt nicht zu nehmen, denn für den menschlichen, bereits mehr oder weniger verpersönlichten Geist ist im Tierisch-Seelischen, das noch ganz oder überwiegend der Gruppenhaftigkeit angehört, keine Evolutionsmöglichkeit gegeben. Sonst aber weist diese Lehre bildlich auf unsere enge Geschwisterschaft mit den Tieren hin, die ja auch aus dem Gruppenhaften einen Evolutionsweg zur Verpersönlichung gehen, wenn auch zu einer solchen mit anderen Zielen und Aufgaben. Auch hat diese Form der Reinkarnationstheorie eine äußerst heilsame Erziehung ausgeübt im menschlichen Verhalten den Tieren gegenüber, eine Erziehung, die dem heutigen Durchschnittseuropäer nur allzusehr fehlt. Ferner wird damit angedeutet, daß ein menschliches Ich gewissen Eigenschaften tierischer Art sich nähert, gleichsam eine Weile geistig mit ihnen versklavt wird. Auch weitere, schwierigere Bedeutungen liegen darin verborgen, auf die ich hier nicht näher eingehen kann. Jedenfalls aber sollten Vivisektoren und andere Tierschinder, die unsere vermeintliche Kultur reichlich aufzuweisen hat, nicht ganz gedankenlos an dieser alten Lehre vorübergehen: in ihr ist ein unbeugsames Gesetz der Vergeltung enthalten. Es gibt nämlich so etwas wie ein Buch des Lebens, in dem auch die kleinsten Geschöpfe stehen. Das ist eine Tatsächlichkeit, auch wenn die anthropozentrisch kleinen Scheindenker darüber lachen — selbst ihre Dummheit entschuldigt nicht jedes Verbrechen, und es kommen Stunden, in denen auch den Borniertesten das Lachen vergeht. Für unsere grundsätzliche Erörterung haben wir es aber nur mit der Wiederverkörperung menschlicher Individualitäten in menschlichen Daseinsformen zu tun.

Eine zweite Frage, die sich an die Annahme von Schicksal und Wiederverkörperung knüpft, ist die, warum das menschliche Ich jenen Niederstieg ins Grobstoffliche überhaupt unternehmen mußte, warum es dadurch in eine Evolution verstrickt wird, die unvermeidbar mit Irrtum und Schuld verbunden ist. Wir rühren damit auch an die Existenz von Gut und Böse, von Licht und Schatten, also wiederum an eine Weltanschauungsfrage, die, wie die vorhergehende, auch nur zu beantworten ist im Sinne eines Vergleiches und nur erfaßt werden kann mit einem erahnenden intuitiven Denken. Natürlich ist es unmöglich, letzte Daseinsfragen mit dem Verstande allein zu lösen oder zu fassen, es wäre eine jammervoll begrenzte Schöpfung, kein Buch der tausend Naturwunder, wenn menschlicher Verstand im allein logischen, wissenschaftlich überschätzten Sinne an diese Fragen heranreichen könnte. Man muß schon etwas vom Ewig-Kindlichen, Schöpferischen in sich wachrufen, um zu erahnen, was nicht plump zu begreifen ist. Einen Weg zu solchem Erahnen könnte Ihnen vielleicht der folgende Gedanke weisen: fragt man sich, was man eigentlich weiß, so kommt man zu dem Schlusse, daß man nur von dem mit Sicherheit sagen kann, man wisse es, von dem man sich ein Erinnerungsbild zu gestalten vermag. Das trifft auch auf die einfachste Tatsache zu. Bewußt weiß man nur das, was man vergessen hat, um sich dann wiederum daran zu erinnern. Erst dann ist man sich über den Besitz einer Kenntnis klar geworden, wenn man sie nicht nur hört, sondern sich überzeugt hat, daß sie nach Ausschaltung, also nach einem Vergessenheitsstadium, in der Erinnerung wieder hergestellt werden kann. Damit hat man sich überzeugt, daß das, was man hörte oder sah, in irgendeiner Weise geistiges Eigentum geworden ist. Legt man diesen Gedanken annähernd der Frage zugrunde, warum der Mensch aus höheren, feinstofflichen Welten heruntersteigen mußte ins Grobstoffliche, so kommt man einer Ahnung des Evolutionsgeheimnisses

sehr nahe. Was unbewußter Besitz war, ähnlich dem Erleben der Kindheit, wird bewußter Eigenbesitz durch einen
Vorgang, der durch Vergessenheit zur Wiedereroberung
auf dem Wege der Rückerinnerung führt. In diesem erahnten, mehr einer geistigen Gesinnung ähnlichen Gedanken liegt das Geheimnis des verlorenen Paradieses:

„Nieder stieg ich zu vergessen,
was ich einst im Licht besaß,
und doch nie bewußt besessen,
weil ich es noch nie vergaß.
Durch Vergeßnes muß ich dringen,
selber muß ich, geistgeweiht,
in Erinnerung erringen
meines Wesens Wesenheit.
Graben muß ich Grabeshügel,
sterben lassen, was erstarb,
bis der Freiheit Flammenflügel
sich mein eignes Ich erwarb.
Bis die Worte in mir reden,
die ich unbewußt gewußt,
bis in mir der Garten Eden
mein wird in der eignen Brust."

In grobstofflicher Materie die feinstoffliche Existenz
vergessen, um sie sich, gleichzeitig die Materie wieder
vergeistigend, bewußt und zu bewußtem Eigenbesitz
wieder zu erobern im Laufe der Evolution, das ist im
Sinne der esoterischen Lehren die Aufgabe der Menschen. „Man muß im Dunkel gehn, um die Sterne zu
sehen," man kann Licht nur erkennen, nur bewußt erleben, wenn es sich hindurchringt aus der Finsternis,

sonst bleibt es ein unbewußtes Taumeln im Licht wie das Dasein eines Falters. Die Aufgabe der Menschheit aber soll zur Bewußtheit führen, und solche Bewußtheit, in jedem als Erinnerung an ein sonnenvolles unbewußtes Falterleben schlafend, kann nur erweckt werden durch die Gegensätzlichkeit von Licht und Schatten, von Gut und Böse, nur durch ein Hinabsteigen in dunkle Vergessenheit, um sich in ihr sehnsuchtsvoll durch Leid und Tränen zurückzuerinnern an eine Sonnenwelt, die nun im bewußten Ich geboren werden soll. „Ich muß Maria sein und Gott aus mir gebären," sagt Angelus Silesius.

Es liegt auf der Hand, daß die heutige, durch Fleisch- und Alkoholgenuß, durch rein materialistisches Verstandesdenken unkindlich gewordene, vergröberte Menschheit von solcher Durchgottung sehr weit entfernt ist. Dunkel genug aber wird es sicher bald sein, so daß auch sehr sternenferne Menschen vielleicht die Sterne sehen werden. Es ist in allen diesen Fragen sehr überflüssig, ein meist recht eingebildetes, akademisches Denken zu bemühen. Das reicht in seiner bescheidenen Begrenzung und seinem oft recht unbescheidenen Gebahren gewiß für eine große Zahl der Tatsächlichkeiten des Okkultismus aus, wie ich sie Ihnen im Verlauf der Vorträge angeführt habe. Für diese letzten Fragen aber, die sich in jedem nicht ganz verbohrten Menschen regen, ist schon eine Art von Selbsterleben notwendig, und an dieser Stelle besonders möchte ich noch einmal darauf hinweisen, was ich Ihnen schon bei Beginn meiner Ausführungen sagte: daß ich Ihnen nichts geben kann, was nicht in Ihnen ist, daß ich nur erwecken kann, was latent ist, daß ich erinnern kann an das, was Sie vergessen, aber selbst einmal gewußt haben oder eben noch erahnend wissen. Nur in dieser Weise kann man sich annähernd eine Vorstellung menschlicher Evolution bilden. Selbstverständlich sind in dieser Evolution inbegriffen, mitverkettet in der Kette der Dinge, alle sonstigen Lebewesen der Erde, die eine Entwicklungseinheit in all ihrer Vielheit bilden. Und wie das menschliche Ich allmählich aus der Gruppenhaftigkeit der Rassen-, Völker- und Familienseelen, aus alter und nun überwundener Standesgliederung sich langsam zum Bewußtsein seiner selbst entwickelt hat, so muß es nun, wo als Resultat solcher Einseitigkeit eine allzustarke Ichbetonung stattgefunden hat, dieses erreichte Ichleben vergeistigen und durchgotten. Daß dies nur auf dem Wege der Liebe geschehen kann, ist ebenso einleuchtend, wie es begreiflich ist, daß eine erst zu erringende Egoität auf dem Wege der Reibung, des Kampfes erstrebt werden konnte und sollte.

Wir stehen nun an der Schwelle, wo eine alte Evolution abschließt und eine neue beginnt. Die absolute und undurchgeistigte Egoität der Seelen, mögen es nun Rassen-, Völker-, Familienseelen oder einzelne menschliche Individualitäten sein, führt unbedingt ins Chaos hinein, in dem wir uns ja bereits zum großen Teil befinden. Es handelt sich hier nicht um eine vielleicht nur idealistische Utopie, sondern um Erkenntnis. Die große Liebe aber ist, wie Lionardo sagt, die Tochter der großen Erkenntnis, und man wird schon zugeben müssen, daß uns Lionardo da Vinci erheblich klüger erscheinen muß, als alle die vielen und allzuvielen akademisch Klugen und die Nützlichkeitsdenker. In unserer heutigen naturfernen Zeit ist es auch nicht unnötig, darauf hinzuweisen, daß solche Erkenntnis und solche Liebe sich ebenfalls auf die Tiere als unsere Mitgeschwister, auf Pflanzen und alles sonstige Leben der Schöpfung zu erstrecken haben wird. Nur kleine Geister fühlen sich im anthropozentrischen Gesichtswinkel behaglich, kleine Geister aber werden eine neue Kultur nicht fördern. Niemals kann eine neue Kultur beschritten werden von Menschen, die in Tieren nur Ausnutzungsobjekte sehen, die sie schlachten, fressen oder sie sonstwie ihrem Eigennutz im niedrigsten Sinne dienstbar machen. Eine neue fleischlose Ernährung, die vielen heute schon selbstverständlich ist, würde die meisten sozialen und wirtschaftlichen Schäden beheben, aber sie setzt eben eine Kultur voraus, die wir nicht haben und die wir erst erreichen müssen und werden und die man wahrscheinlich erst begreifen wird durch die Not. Man verschließt sich auch dem Verständnis der Natur, wenn man alle Pflanzen, Bäume oder Blumen nur auf ihren Nutzen hin betrachtet. Der Mensch ist heute lächerlich stolz, daß er angeblich die Natur sich dienstbar gemacht habe mit allerlei Erfindungen und technischen Fortschritten. Er übersieht, daß er im wesentlichen nur Geister rief, die er nicht loswerden kann, daß er nicht Herrscher, sondern Beherrschter ist, daß er versklavt ist von seinem eigenen Nützlichkeitsdenken.

Alle diese großen Gesichtspunkte lassen sich zwar auf die Tatsächlichkeiten okkulter Forschung aufbauen, aber sie lassen sich mit dem gleichen Verstandesdenken nicht mehr messen. Sie müssen erlebt werden, und zu solchem Erleben hinzuführen, ist der Zweck meiner Vorträge gewesen. Dies Erleben ist nicht immer leicht, aber es ist unvermeidlich. Mich fragte einmal jemand nach meinen Vorträgen, wie man es nun eigentlich machen solle, an ein Schicksal zu glauben, auch wenn man alle die gewiß interessanten Daten sich angehört habe, die im Hellsehen und ähnlichen Vorgängen enthalten sind. Ich erwiderte, man müsse erleben, was ich auch erlebt habe: man müsse alles verlieren, was man besitzt, monatelang vor dem Tode und dem Verhungern stehen und nicht mehr wissen, was der nächste Tag bringt und wovon man leben wird. Man mache dann sofort die Erfahrung, was Schicksal sei. Alle die klugen Reden und Experimente sonst gewiß sehr achtbarer Forscher beweisen natürlich gar nichts, als gewisse Verstandesergebnisse, mit denen allein aber sich ein wirkliches Menschenleben, das über das rein Automatenhafte hinausgeht, nicht leben läßt. Je ferner jemand einer in ihm selbst ruhenden Weltanschauungsmöglichkeit ist, umso tiefer wird das Dunkel sein müssen, in das er hinabsteigt, um die Sterne zu sehen. Es handelt sich ja im Sinne höheren Denkens gar nicht um irgendwelche plump greifbaren Ergebnisse, aus ihnen wird nie eine neue Kultur geschaffen werden, genau so wenig wie aus ihnen jemals ein Kunstwerk entstehen kann. Es handelt sich um ein organisches Wachstum menschlicher Imponderabilien, die erst allmählich und schrittweise im eigensten kulturellen Erleben ponderabil werden können. Nur dieser, den alten Mystikern selbstverständliche Vergottungsprozeß in der Erkenntnis kann zu neuen kulturellen Möglichkeiten führen, und es ist

179

sehr charakteristisch für die heutige Fachwissenschaft, auch für diejenige, die sich mit dem Okkultismus befaßt, mit welcher Ängstlichkeit sie allem ausbiegt, was Gott oder Religion heißen könnte. Sie vergißt, so geistreich sie sein will, daß nur kleine Geister, die gottferne sind, ohne diese erahnten Begriffe auskommen können, daß aber größere und gottnahe Menschen schon darum niemals ohne Religion und Gottheitsempfinden leben und schaffen konnten, weil ihr Leben und Schaffen weit über den Horizont bescheidenen menschlichen Intellekts hinausreichte. Es ist letzten Endes eine Frage des eigenen Horizonts, ob jemand ohne Religion leben kann oder nicht, und bei dem grotesk geringen Ausmaß des heutigen Durchschnittshorizonts ist eine atheistische Einstellung sehr erklärlich.

Auch diese, die Gottheitsfrage, ist aber, wie alles Feinstoffliche, mehr geistige Gesinnungsangelegenheit, als Problem des Intellekts. Aus diesem Grunde sind auch alle theologischen und dogmatischen Streite hierüber nicht nur überflüssig, sondern gottferne. Es ist mit dem Begriff der Göttlichkeit gar nicht vereinbar, ihn menschlich messen zu können, ihn anders werten zu wollen, als mit einem intuitiven Erahnen. Genau so müßig sind darum auch die beliebten und bekannten Kämpfe um den Theismus, den Deismus und Pantheismus. Wer einen Gott annimmt, muß, will er ihn nicht entgotten und vermenschlichen, zugeben, daß er sowohl in allem, als auch als Einzelwesen vorstellbar und wirksam sein kann. Es scheint mir bei dieser Erwähnung des Gottesbegriffes angebracht, noch einige Worte über das Nirwana der indischen Religion oder das ihm wesens-

180

gleiche Tao der chinesischen Lehre Lao Tses zu sagen. Das europäische Denken ist in einem sehr unangebrachten Hochmut gewohnt, die Begriffe des Tao oder das ihm geläufigere Nirwana gleichbedeutend mit einem faulen, passiven Sichaufgeben und Aufgehen im Nichts zu werten. Das ist ungefähr so geistreich, als wenn wir aus unseren Kriegen und Bruderkriegen, aus unseren Menschen- und Tierschlächtereien und unserer ganzen Geschichte von Haß und Blut den Geist des Christentums konstruieren wollten. So fern diese dem Christentum sind, so fern ist jene aus einer der europäischen ähnlichen asiatischen Korruption entstandene Nichtsvorstellung dem Nirwana oder Tao. Nicht um ein Aufgehen im Nichts handelt es sich hier, sondern um ein Aufgehen in der Gottheit, in der Harmonie des Alls, aber mit einem durchaus persönlichen Eigencharakter und zwar einer bis auf die höchste Stufe der Möglichkeit geförderten Sonderentwicklung. Auch diese Vorstellung, die ganz der Vergottung der christlichen Mystiker entspricht, wenn man sie richtig auffaßt, läßt sich am ehesten in einem Bilde erahnen. Denken Sie sich jede menschliche Geistigkeit des Einzelnen als eine Glocke. Sie wird so lange umgegossen, nicht bis sie klingt wie alle anderen, sondern bis sie die höchste Feinheit ihres Eigengeläutes erlangt hat — und alle diese bis auf ihren letzten Sonderklang gebrachten Glocken ergeben nun im Gesamten, im Nirwana, im Tao, in der Göttlichkeit ihrer Vollendung den Gesamtton ewiger Harmonie, die Übereinstimmung in sich und in Gott — nicht also einen gleichen Ton, sondern einen Akkord zahlloser Töne. Das ist, für den Einzelnen betrachtet,

Harmonie des Eigenwillens mit dem Allwillen, nicht Auslöschung, sondern Vergottung des Ichs. Damit erledigt sich auch der von kirchlicher Seite öfters erhobene Vorwurf, der Okkultismus sei kirchenfeindlich. Der wirkliche Okkultismus, der, fern von engherzigem Sektentum, geistiges Erleben und Gottsuche wird, ist antikirchlich nur da, wo die Kirche antireligiös ist, wo sie versandet und erstarrt ist und eine neue Durchlichtung genau so braucht wie die heutige Menschheit.

Ich habe Ihnen, ausgehend von den Fragen nach Schicksal und freiem Willen, über die Wiederverkörperungslehre und das Karmagesetz bis zum Gottesbegriff und der Vergottung in ihm ein Bild zu gestalten versucht, wie sich ein Sinn in der menschlichen Evolution finden ließe. Es sollte nicht mehr als ein Bild sein, es ist nicht meine Aufgabe, Ihnen dieses Bild irgendwie als Dogma zu empfehlen, sondern es ist ganz Ihre eigenste Angelegenheit, sich eine Tatsächlichkeit für sich selbst daraus zu formen nach Ihrer eigenen Wahl und Ihrem eigenen Willen. Welcher Weg der Weiterforschung und der Weiterentwicklung Ihnen der geeignete erscheint, werden Sie ja selbst an der Hand der gegebenen Daten entscheiden können. Ich bezweckte lediglich, Ihnen eine Übersicht und eine Einführung in ein schwer gangbares und schwer übersehbares Gebiet zu geben. Aus diesen Anregungen aber läßt sich leicht für jeden Einzelnen ein selbständiges Weiterbauen ermöglichen, das natürlich nicht mehr Aufgabe meiner Vorträge sein kann. Darum will ich auch, wie bisher, darauf verzichten, ausführlich auf besondere Richtungen und ihre Führer einzugehen. Ich habe schon einmal betont, daß ich mich mit keiner der bestehenden Gesellschaften einverstanden erklären kann. Ich habe gewiß bei diesem oder jenem der heutigen geistigen Führer viel Gutes gefunden, neben manchem, das ich nicht mitzumachen vermag oder ablehne, aber sie alle haben ihre Ideen meist auf eine sehr breite Basis gestellt, und nach den bisherigen Erfahrungen führt solch eine Verallgemeinerung oft sehr komplizierter esoterischer Erkenntnisse, die vielfach strittige, wenn auch interessante Spezialforschungen sind, bei allen nicht genügend charakterlich gefestigten und geistig vorbereiteten Menschen zum fanatischen Dogmatismus und zum sektiererischen Dünkel. Ich bin nicht der Ansicht, daß uns damit geholfen ist. Ganz abgesehen von den Schäden, die solchen Gesellschaften selbst entstehen, wird auch den Ideen damit meist mehr geschadet als genützt. Ich habe die Erfahrung gemacht, auf die ich schon einmal hinwies, daß die schlimmsten Feinde solcher Führer und ihrer Ideen keineswegs die mehr oder weniger sachlichen Gegner sind, sondern ihre fanatischen Anhänger. Dagegen sollte die elementare, jedem faßliche Kenntnis des Übersinnlichen in weiteste Kreise getragen werden.

Notwendige Grundlage für solche Wiedererweckung übersinnlicher Erkenntnisse und unerläßliche Vorbedingung für das Werden einer neuen Kultur aber ist Charakterschulung, Reinheit der Gedanken und vertiefte ethische Gesinnung, die Liebe zu allen Geschöpfen in sich trägt. „Wenn du einen Schritt vorwärts zu machen versuchst in der Erkenntnis geheimer Wahrheiten, so mache zugleich drei vorwärts in der Vervollkommnung deines Charakters zum Guten" lautet die goldene Regel jeder wahren Geheimwissenschaft, wie sie Rudolf Steiner in seinem Werk „Wie erlangt man Erkenntnisse der höheren Welten?" anführt. Auf dieses Buch, das ich schon früher namhaft machte und das ich weit über alle anderen Bücher des Verfassers stelle, möchte ich in dem Sinne nochmals hinweisen. Ich habe hierbei nicht seine letzten Kapitel im Auge, die ich nicht nachprüfen kann, die mir aber Sondererleben allzusehr zu verallgemeinern scheinen — ich glaube kaum, daß der Eintritt in die höheren geistigen Welten durchaus so verlaufen muß, sondern daß dabei viele Möglichkeiten vorliegen. Aber die Charakterschulung dieses Buches, auf indischer und altchristlicher Weisheit aufgebaut, ist mit größter Schönheit und Klarheit gestaltet. Hier sind wundervolle Werte enthalten, die jeder sich aneignen sollte, gleichviel, welchen geistigen Weg er sonst einzuschlagen beabsichtigt. Leider kann man von den vielen blinden Nachbetern Steiners nicht behaupten, daß sie dieser Charakterschulung des genialen Forschers folgen, den sie nur allzuoft im Dünkel gegen alles andere zum unfehlbaren Sektenapostel erniedrigen. Auch hier hat es sich wieder einmal gezeigt, daß man schwierige geistige Erkenntnisse nicht, ohne nach Graden zu stufen, auf eine breite Basis stellen kann. Auch die von Steiner in letzter Zeit ins öffentliche Leben gesetzten, viel umstrittenen Experimente haben meist nicht Vertreter gefunden, die seinen Erkenntnissen der höheren Welten gerecht werden. Noch mehr trifft das bei seinen künstlerischen Versuchen zu, die ich zum größten Teil für wenig glücklich halte — um sie hat sich, von einigen Ausnahmen abgesehen, ein Regiment geräuschvoller Dilettanten gesammelt. Es ist — ganz allgemein gesagt — eine notwendige Forderung, daß sich geistige Führer von solchen Elementen freimachen, wenn sie ihre Aufgabe nicht ernstlich gefährden wollen.

Für eine solcher Charakterschulung und geistiger Gesinnung angepaßte physische Ernährung scheinen mir die Ernährungslehren der Masdasnangesellschaft empfehlenswert, vorausgesetzt, daß man ihren schroffen Radikalismus vermeidet und ihnen nur Richtlinien entnimmt, die man im jeweils persönlichen Sinne ausbaut. Auch die vorzüglichen Werke über Ernährung von Dr. von Borosini seien hier genannt und Jaskowskis schöne „Philosophie des Vegetarismus". Denn eine künftige vergeistigte Kultur kann und wird keine Unkultur der Schlachthäuser, Schnapsbrennereien und Bierbrauereien sein, so unbequem diese Erkenntnis den Vielen und Allzuvielen sein mag, die an unserem groben Materialismus hängen oder Nutzen aus ihm ziehen. Die Zeit der gegenwärtigen Kulturwende pflegt zu erzwingen, was die Menschen nicht begreifen können oder nicht begreifen wollen. Auch eine neue Kleidung auf hygienischer und ästhetischer Grundlage ist selbstverständlich, ebenso eine sorgfältige Körperpflege.

Wenn ich am Schluß persönlich eine Ansicht äußern darf, in welcher Richtung ich am ehesten neue Wege zu einer neuen Kultur zu sehen vermag, so möchte ich sagen, daß ich sie am wahrscheinlichsten denken könnte in vielen kleinen kulturellen Gruppen, die sich dann allmählich in gegenseitigem Austausch ihrer Arten ausgleichen und ergänzen und so aus lauter Ringen eine Kette bilden, die eine Einheit aus lauter Verschiedenheiten aufbauen könnte. Innere Kultur ist eben eine Frage der Qualität und nicht der Quantität. Das wäre vielleicht ein langsamer Aufbau im zusammenbrechenden Chaos dessen, was nicht mehr zu retten ist.

Eins aber ist sicher: daß keine dogmatisch erstarrten oder erstarrenden Kenntnisse eine neue Kultur bahnen und bilden werden, sondern daß Kenntnisse nur Anregung und Anstoß sein dürfen zu eigenem Wachstum und eigenem Erleben. Freilich zu solchem Erleben, das nicht mehr Halbleben ist, das sich klar darüber ist, daß der Mensch Bürger zweier Welten ist, daß sich die Menschheitsevolution gestalten muß aus dem Geistigen über das Materielle wieder ins Geistige hinein, nicht daß, wie bisher, eine absolutistische Vorherrschaft des rein Materiellen immer weiter in eine chaotische Diktatur des Irrsinns hineinführt. Wie sich all jene Kräfte und Gegenkräfte auswirken werden, darüber möchte ich an dieser Stelle keine Erörterungen anschließen, die doch nicht mehr als Vermutungen sein könnten. Sicher aber stehen wir an einer der gewaltigsten Kulturwenden der Menschheit, an einer, deren Ausmaße keine historisch uns noch faßbare Parallele haben. Entscheidend wird sein, wohin sich die Menschheit wendet, zum Geistigen oder zum Materiellen. Es mögen viele Wege aus dem Chaos führen, die noch gesucht, gefunden und begangen werden — ausgehen aber müssen sie alle von einem Bekenntnis der Menschheit zum Geistigen. Wie sich dann solch ein Bekenntnis im Einzelnen auswirkt, ist jedem in eigene Wahl gestellt, und noch mehr als das, in sein eigenes Erleben.

Zu solchem Erleben wollte ich Sie heranführen und

solchem eigenen Erleben möchte ich Sie nun überlassen
mit den Worten aus dem wundervollen „Cherubinischen
Wandersmann" des Angelus Silesius:

„Freund, es ist auch genug — und willst du mehr
 noch lesen,
so geh und werde selbst das Wort und selbst das
 Wesen."